Ultimata medelhavsrecept för nybörjare 2023

Recept från traditionen i Sydeuropa

Pedro Robba

Innehållsförteckning

Grönsakspaella

Förberedelsetid: 25 minuter

Tillagningstid: 45 minuter

Portioner: 6

Svårighetsgrad: Genomsnittlig

Ingredienser:

- ¼ kopp olivolja
- 1 stor söt lök
- 1 stor röd paprika
- 1 stor grön paprika
- 3 vitlöksklyftor, finhackade
- 1 tsk rökt paprika
- 5 saffranstrådar
- 1 zucchini, skuren i ½-tums kuber
- 4 stora mogna tomater, skalade, kärnade och hackade
- 1½ dl kortkornigt spanskt ris
- 3 dl grönsaksbuljong, värmd

Vägbeskrivning:

Värm ugnen till 350°F. Koka olivoljan på medelvärme. Rör ner löken och röd och grön paprika och koka i 10 minuter.

Rör ner vitlök, paprika, saffranstrådar, zucchini och tomater. Sänk värmen till medel-låg och koka i 10 minuter.

Rör ner ris och grönsaksbuljong. Öka värmen för att få paellan att koka upp. Sätt värmen till medel-låg och koka i 15 minuter. Slå in formen med aluminiumfolie och sätt in den i ugnen.

Grädda i 10 minuter eller tills buljongen absorberats.

Näring (för 100g):288 kalorier 10g fett 46g kolhydrater 3g protein 671mg natrium

Aubergine och risgryta

Förberedelsetid: 30 minuter

Tillagningstid: 35 minuter

Portioner: 4

Svårighetsgrad: Svår

Ingredienser:

- Till såsen
- ½ kopp olivolja
- 1 liten lök, hackad
- 4 vitlöksklyftor, mosade
- 6 mogna tomater, skalade och hackade
- 2 msk tomatpuré
- 1 tsk torkad oregano
- ¼ tesked mald muskotnöt
- ¼ tesked mald spiskummin
- För grytan
- 4 (6-tum) japanska auberginer, halverade på längden
- 2 matskedar olivolja
- 1 kopp kokt ris
- 2 msk pinjenötter, rostade
- 1 kopp vatten

Vägbeskrivning:

Att göra såsen

Koka olivoljan i en tjockbottnad kastrull på medelvärme. Lägg löken och koka i 5 minuter. Rör ner vitlök, tomater, tomatpuré, oregano, muskotnöt och spiskummin. Koka sedan ner värmen till låg och låt sjuda i 10 minuter. Ta bort och ställ åt sidan.

Att göra grytan

Förvärm broilern. Medan såsen puttrar, ringla auberginen med olivoljan och lägg dem på en plåt. Stek i ca 5 minuter tills de är gyllene. Ta bort och låt svalna. Sätt ugnen på 375°F. Ordna den kylda auberginen, med snittsidan uppåt, i en 9 x 13-tums ugnsform. Ta försiktigt ur lite kött för att få plats med fyllningen.

I en skål, kombinera hälften av tomatsåsen, det kokta riset och pinjenötterna. Fyll varje auberginehalva med risblandningen. I samma skål, kombinera den återstående tomatsåsen och vattnet. Häll över auberginen. Grädda, täckt, i 20 minuter tills auberginen är mjuk.

Näring (för 100g):453 kalorier 39g fett 29g kolhydrater 7g protein 820mg natrium

Många grönsakscouscous

Förberedelsetid: 15 minuter

Tillagningstid: 45 minuter

Portioner: 8

Svårighetsgrad: Svår

Ingredienser:

- ¼ kopp olivolja
- 1 lök, hackad
- 4 vitlöksklyftor, hackade
- 2 jalapeñopeppar, genomborrade med en gaffel på flera ställen
- ½ tsk malen spiskummin
- ½ tsk mald koriander
- 1 (28-ounce) burk krossade tomater
- 2 msk tomatpuré
- 1/8 tsk salt
- 2 lagerblad
- 11 koppar vatten, uppdelat
- 4 morötter
- 2 zucchinis, skurna i 2-tums bitar
- 1 ekollon squash, halverad, kärnad och skär i 1-tums tjocka skivor
- 1 (15-ounce) burk kikärter, avrunna och sköljda
- ¼ kopp hackade konserverade citroner (valfritt)

- 3 koppar couscous

Vägbeskrivning:

Koka olivoljan i tjockbottnad gryta. Lägg löken och koka i 4 minuter. Rör ner vitlök, jalapeños, spiskummin och koriander. Koka i 1 minut. Tillsätt tomater, tomatpuré, salt, lagerblad och 8 dl vatten. Låt blandningen koka upp.

Tillsätt morötter, zucchini och ekollon squash och koka upp. Sänk värmen något, täck över och koka i cirka 20 minuter tills grönsakerna är mjuka men inte mosiga. Ta upp 2 koppar av matlagningsvätskan och ställ åt sidan. Krydda efter behov.

Tillsätt kikärtorna och de konserverade citronerna (om du använder). Koka i några minuter och stäng av värmen.

Koka upp de återstående 3 kopparna vatten i en medelstor kastrull på hög värme. Rör ner couscousen, täck över och stäng av värmen. Låt couscousen vila i 10 minuter. Ringla över 1 kopp reserverad matlagningsvätska. Använd en gaffel och fluffa couscousen.

Häll upp den på ett stort fat. Ringla över den med resterande kokvätska. Dra ut grönsakerna från grytan och lägg ovanpå. Servera resterande gryta i en separat skål.

Näring (för 100g):415 kalorier 7g fett 75g kolhydrater 9g protein 718mg natrium

Kushari

Förberedelsetid: 25 minuter

Tillagningstid: 1 timme och 20 minuter

Portioner: 8

Svårighetsgrad: Svår

Ingredienser:

- Till såsen
- 2 matskedar olivolja
- 2 vitlöksklyftor, hackade
- 1 (16-ounce) burk tomatsås
- ¼ kopp vit vinäger
- ¼ kopp Harissa, eller köpt i butik
- 1/8 tsk salt
- För riset
- 1 kopp olivolja
- 2 lökar, tunt skivade
- 2 dl torkade bruna linser
- 4 liter plus ½ kopp vatten, uppdelat
- 2 koppar kortkornigt ris
- 1 tsk salt
- 1-pund pasta med kort armbåge

- 1 (15-ounce) burk kikärter, avrunna och sköljda

Vägbeskrivning:

För att göra såsen

Koka olivoljan i en kastrull. Fräs vitlöken. Rör ner tomatsås, vinäger, harissa och salt. Låt såsen koka upp. Sänk värmen till låg och koka i 20 minuter eller tills såsen har tjocknat. Ta bort och ställ åt sidan.

För att göra riset

Förbered tallriken med hushållspapper och ställ åt sidan. Värm olivoljan i en stor panna på medelvärme. Fräs löken, rör om ofta, tills den är knaprig och gyllene. Överför löken till den förberedda plattan och ställ åt sidan. Spara 2 matskedar av matoljan. Reservera pannan.

På hög värme, kombinera linserna och 4 koppar vatten i en kastrull. Låt det koka och koka i 20 minuter. Sila och blanda med de reserverade 2 msk matolja. Avsätta. Reservera grytan.

Placera pannan du använde för att steka löken på medelhög värme och tillsätt riset, 4½ koppar vatten och salt. Koka upp. Sätt värmen på låg och koka i 20 minuter. Stäng av och ställ åt sidan i 10 minuter. Koka upp de återstående 8 kopparna saltat vatten på hög värme i samma gryta som du använde för att koka linserna. Häll i pastan och koka i 6 minuter eller enligt anvisningarna på förpackningen. Häll av och ställ åt sidan.

Att bygga ihop

Skeda upp riset på ett serveringsfat. Toppa den med linser, kikärter och pasta. Ringla över den varma tomatsåsen och strö över den knaperstekta löken.

Näring (för 100g):668 kalorier 13g fett 113g kolhydrater 18g protein 481mg natrium

Bulgur med tomater och kikärter

Förberedelsetid: 10 minuter

Tillagningstid: 35 minuter

Portioner: 6

Svårighetsgrad: Genomsnittlig

Ingredienser:

- ½ kopp olivolja
- 1 lök, hackad
- 6 tomater, tärnade eller 1 (16-ounce) burk tärnade tomater
- 2 msk tomatpuré
- 2 koppar vatten
- 1 msk Harissa, eller köpt i butik
- 1/8 tsk salt
- 2 dl grov bulgur
- 1 (15-ounce) burk kikärter, avrunna och sköljda

Vägbeskrivning:

I en tjockbottnad gryta på medelvärme, hetta upp olivoljan. Fräs löken och tillsätt sedan tomaterna med saften och koka i 5 minuter.

Rör ner tomatpuré, vatten, harissa och salt. Koka upp.

Rör ner bulgur och kikärter. Låt blandningen koka upp. Sänk värmen till låg och koka i 15 minuter. Låt vila i 15 minuter innan servering.

Näring (för 100g):413 kalorier 19g fett 55g kolhydrater 14g protein 728mg natrium

Makrill Maccheroni

Förberedelsetid: 10 minuter

Tillagningstid: 15 minuter

Portioner: 4

Svårighetsgrad: Lätt

Ingredienser:

- 12 oz maccheroni
- 1 vitlöksklyfta
- 14 oz tomatsås
- 1 kvist hackad persilja
- 2 färska chilipeppar
- 1 tsk salt
- 7oz makrill i olja
- 3 matskedar extra virgin olivolja

Vägbeskrivning:

Börja med att koka upp vattnet i en kastrull. Medan vattnet värms upp, ta en kastrull, häll i lite olja och lite vitlök och koka på svag värme. När vitlöken är kokt, dra ut den från pannan.

Skär upp chilipepparen, ta bort de inre fröna och skär i tunna strimlor.

Tillsätt kokvattnet och chilipeppar i samma kastrull som tidigare. Ta sedan makrillen och efter att ha tömt oljan och separerat den med en gaffel, lägg den i pannan med de andra ingredienserna. Fräs den lätt genom att tillsätta lite kokvatten.

När alla ingredienser är väl införlivade, tillsätt tomatpurén i pannan. Blanda väl för att jämna ut alla ingredienser och koka på låg värme i ca 3 minuter.

Låt oss gå vidare till pastan:

När vattnet börjar koka, tillsätt saltet och pastan. Låt maccheronerna rinna av när de är lite al dente och tillsätt dem i såsen du förberedde.

Fräs några ögonblick i såsen och efter smak, smaka av med salt och peppar efter eget tycke.

Näring (för 100g):510 kalorier 15,4 g Fett 70 g Kolhydrater 22,9 g Protein 730 mg Natrium

Maccheroni med körsbärstomater och ansjovis

Förberedelsetid: 10 minuter

Tillagningstid: 15 minuter

Portioner: 4

Svårighetsgrad: Lätt

Ingredienser:

- 14 oz Maccheroni Pasta
- 6 Saltade ansjovis
- 4 oz körsbärstomater
- 1 vitlöksklyfta
- 3 matskedar extra virgin olivolja
- Färsk chilipeppar efter smak
- 3 basilikablad
- Salt att smaka

Vägbeskrivning:

Börja med att värma vatten i en kastrull och tillsätt salt när det kokar. Förbered under tiden såsen: Ta tomaterna efter att ha tvättat dem och skär dem i 4 bitar.

Ta nu en non-stick panna, strö över lite olja och lägg i en vitlöksklyfta. När den är kokt, ta bort den från pannan. Tillsätt de rena ansjovisen i pannan, smält dem i oljan.

När ansjovisen är väl upplöst, lägg i de skurna tomatbitarna och höj värmen tills de börjar mjukna (var noga med att de inte blir för mjuka).

Tillsätt chilipeppar utan frön, skär i små bitar och krydda.

Lägg över pastan i kastrullen med kokande vatten, låt den rinna av al dente och låt den fräsa i kastrullen en stund.

Näring (för 100g):476 kalorier 11g Fett 81,4g Kolhydrater 12,9g Protein 763mg Natrium

Citron- och räkorrisotto

Förberedelsetid: 10 minuter

Tillagningstid: 30 minuter

Portioner: 4

Svårighetsgrad: Lätt

Ingredienser:

- 1 citron
- 14 oz skalade räkor
- 1 ¾ koppar risottoris
- 1 vit lök
- 33 fl. oz (1 liter) grönsaksbuljong (ännu mindre är bra)
- 2 ½ msk smör
- ½ glas vitt vin
- Salt att smaka
- Svartpeppar efter smak
- Gräslök efter smak

Vägbeskrivning:

Börja med att koka räkorna i saltat vatten i 3-4 minuter, låt rinna av och ställ åt sidan.

Skala och finhacka en lök, fräs den med smält smör och när smöret har torkat, rosta riset i pannan i några minuter.

Avglasera riset med ett halvt glas vitt vin och tillsätt sedan saften av 1 citron. Rör om och koka färdigt riset genom att fortsätta tillsätta en sked grönsaksfond efter behov.

Blanda väl och några minuter före slutet av tillagningen, tillsätt de tidigare kokta räkorna (håll några av dem åt sidan för garnering) och lite svartpeppar.

När värmen är avstängd, tillsätt en klick smör och rör om. Risotton är klar att serveras. Dekorera med resterande räkor och strö över lite gräslök.

Näring (för 100g):510 kalorier 10 g Fett 82,4 g Kolhydrater 20,6 g Protein 875 mg Natrium

Spaghetti med musslor

Förberedelsetid: 10 minuter

Tillagningstid: 40 minuter

Portioner: 4

Svårighetsgrad: Lätt

Ingredienser:

- 11,5 oz spagetti
- 2 pund musslor
- 7 oz tomatsås, eller tomatmassa, för den röda versionen av denna maträtt
- 2 vitlöksklyftor
- 4 matskedar extra virgin olivolja
- 1 glas torrt vitt vin
- 1 matsked finhackad persilja
- 1 chilipeppar

Vägbeskrivning:

Börja med att tvätta musslorna: "rensa" aldrig musslorna - de får bara öppnas genom att använda värme, annars går deras värdefulla inre vätska förlorad tillsammans med eventuell sand. Tvätta musslorna snabbt med ett durkslag placerat i en salladsskål: detta kommer att filtrera bort sanden på skalen.

Lägg sedan omedelbart de avrunna musslorna i en kastrull med lock på hög värme. Vänd dem då och då och när de nästan alla är öppna ta dem av värmen. De musslor som förblir stängda är döda och måste elimineras. Ta bort blötdjuren från de öppna, lämna några av dem hela för att dekorera rätterna. Sila av vätskan som finns kvar i botten av pannan och ställ åt sidan.

Ta en stor kastrull och häll lite olja i den. Värm en hel paprika och en eller två pressade vitlöksklyftor på mycket låg värme tills klyftorna blir gulaktiga. Tillsätt musslorna och smaka av med torrt vitt vin.

Tillsätt nu musselvätskan som silats tidigare och lite finhackad persilja.

Sila av och släng genast spaghettin al dente i pannan, efter att ha kokat dem i rikligt med saltat vatten. Rör om väl tills spaghettin absorberar all vätska från musslorna. Om du inte använde en chilipeppar, komplettera med ett lätt stänk av vit eller svartpeppar.

Näring (för 100g):167 kalorier 8 g fett 8,63 g kolhydrater 5 g protein 720 mg natrium

Grekisk fisksoppa

Förberedelsetid: 10 minuter

Tillagningstid: 60 minuter

Portioner: 4

Svårighetsgrad: Lätt

Ingredienser:

- Kummel eller annan vit fisk
- 4 Potatis
- 4 vårlökar
- 2 morötter
- 2 stjälkar selleri
- 2 Tomater
- 4 matskedar extra virgin olivolja
- 2 ägg
- 1 citron
- 1 kopp ris
- Salt att smaka

Vägbeskrivning:

Välj en fisk som inte väger mer än 2,2 pund, ta bort dess fjäll, gälar och tarmar och tvätta den väl. Salta det och ställ åt sidan.

Tvätta potatisen, morötterna och löken och lägg dem i kastrullen hela med tillräckligt med vatten för att blötlägga dem och låt sedan koka upp.

Lägg i sellerin som fortfarande är bunden i klasar så att den inte sprids under tillagningen, skär tomaterna i fyra delar och tillsätt även dessa tillsammans med olja och salt.

När grönsakerna nästan är färdigkokta, tillsätt mer vatten och fisken. Koka i 20 minuter och ta sedan bort den från buljongen tillsammans med grönsakerna.

Lägg fisken i ett serveringsfat genom att pryda den med grönsakerna och sila av buljongen. Sätt tillbaka buljongen på värmen, späd den med lite vatten. När det kokar, häll i riset och smaka av med salt. När riset är kokt, ta bort kastrullen från värmen.

Förbered avgolemonosåsen:

Vispa äggen väl och tillsätt långsamt citronsaften. Häll lite buljong i en slev och häll sakta ner i äggen, blanda hela tiden.

Tillsätt slutligen den erhållna såsen till soppan och blanda väl.

Näring (för 100g):263 Kalorier 17,1g Fett 18,6g Kolhydrater 9g Protein 823mg Natrium

Venere ris med räkor

Förberedelsetid: 10 minuter

Tillagningstid: 55 minuter

Portioner: 3

Svårighetsgrad: Lätt

Ingredienser:

- 1 ½ koppar svart venerris (bättre om förkokt)
- 5 teskedar extra virgin olivolja
- 10,5 oz räkor
- 10,5 oz zucchini
- 1 citron (saft och skal)
- Bordssalt efter smak
- Svartpeppar efter smak
- 1 vitlöksklyfta
- Tabasco efter smak

Vägbeskrivning:

Låt oss börja med riset:

Efter att ha fyllt en gryta med mycket vatten och kokat upp, häll i riset, tillsätt salt och koka under nödvändig tid (se paketets tillagningsinstruktioner).

Riv under tiden zucchinin med rivjärn med stora hål. Värm olivoljan i en panna med den skalade vitlöksklyftan, tillsätt riven zucchini, salt och peppar och koka i 5 minuter, ta bort vitlöksklyftan och ställ grönsakerna åt sidan.

Rengör nu räkorna:

Ta bort skalet, klipp av svansen, dela dem på mitten på längden och ta bort tarmen (den mörka tråden i ryggen). Lägg de rengjorda räkorna i en skål och krydda med olivolja; ge den lite extra smak genom att tillsätta citronskal, salt och peppar och genom att tillsätta några droppar Tabasco om du så vill.

Hetta upp räkorna i en het panna ett par minuter. När den är kokt, ställ åt sidan.

När Venere-riset är klart, sila det i en skål, tillsätt zucchinimixen och rör om.

Näring (för 100g):293 kalorier 5 g fett 52 g kolhydrater 10 g protein 655 mg natrium

Pennette med lax och vodka

Förberedelsetid: 10 minuter

Tillagningstid: 18 minuter

Portioner: 4

Svårighetsgrad: Lätt

Ingredienser:

- 14oz Pennette Rigate
- 7oz rökt lax
- 1,2 oz schalottenlök
- 1,35 fl. oz (40 ml) Vodka
- 5 oz körsbärstomater
- 7 oz färsk flytande grädde (jag rekommenderar den vegetabiliska för en lättare rätt)
- Gräslök efter smak
- 3 matskedar extra virgin olivolja
- Salt att smaka
- Svartpeppar efter smak
- Basilika efter smak (till garnering)

Vägbeskrivning:

Tvätta och skär tomaterna och gräslöken. Efter att ha skalat schalottenlöken, hacka den med en kniv, lägg den i en kastrull och låt den marinera i extra virgin olivolja en stund.

Skär under tiden laxen i strimlor och fräs den tillsammans med oljan och schalottenlöken.

Blanda allt med vodkan, var försiktig eftersom det kan bli bloss (om en låga skulle stiga, oroa dig inte, den sjunker så fort alkoholen har avdunstat helt). Tillsätt de hackade tomaterna och tillsätt en nypa salt och, om du vill, lite peppar. Tillsätt slutligen grädden och hackad gräslök.

Medan såsen fortsätter koka, förbered pastan. När vattnet kokar, häll i Pennette och låt dem koka tills de är al dente.

Sila av pastan och häll Pennette i såsen, låt dem koka en stund så att de absorberar all smak. Om du vill, garnera med ett basilikablad.

Näring (för 100g):620 kalorier 21,9 g Fett 81,7 g Kolhydrater 24 g Protein 326 mg Natrium

Skaldjur Carbonara

Förberedelsetid: 15 minuter

Tillagningstid: 50 minuter

Portioner: 3

Svårighetsgrad: Lätt

Ingredienser:

- 11,5 oz spaghetti
- 3,5 oz tonfisk
- 3,5 oz svärdfisk
- 3,5 oz lax
- 6 äggulor
- 4 matskedar parmesanost (Parmigiano Reggiano)
- 2 fl. oz (60 ml) Vitt vin
- 1 vitlöksklyfta
- Extra virgin olivolja efter smak
- Bordssalt efter smak
- Svartpeppar efter smak

Vägbeskrivning:

Förbered ett kokande vatten i en kastrull och tillsätt lite salt.

Häll under tiden 6 äggulor i en skål och tillsätt riven parmesan, peppar och salt. Vispa med en visp, och späd med lite kokvatten från grytan.

Ta bort eventuella ben från laxen, fjällen från svärdfisken och fortsätt genom att tärna tonfisken, laxen och svärdfisken.

När det kokar, häll i pastan och koka den lite al dente.

Värm under tiden lite olja i en stor panna, tillsätt hela den skalade vitlöksklyftan. När oljan är varm, släng i fisktärningarna och fräs på hög värme i ca 1 minut. Ta bort vitlöken och tillsätt det vita vinet.

När alkoholen har avdunstat, ta ut fisktärningarna och sänk värmen. Så snart spaghettin är klar, lägg till dem i pannan och fräs i ungefär en minut, rör hela tiden och tillsätt kokvattnet efter behov.

Häll i ägguleblandningen och fisktärningarna. Blanda väl. Tjäna.

Näring (för 100g):375 kalorier 17 g Fett 41,40 g Kolhydrater 14 g Protein 755 mg Natrium

Garganelli med Zucchini Pesto och räkor

Förberedelsetid: 10 minuter

Tillagningstid: 30 minuter

Portioner: 4

Svårighetsgrad: Genomsnittlig

Ingredienser:

- 14 oz äggbaserad Garganelli
- För zucchinipeston:
- 7 oz zucchini
- 1 kopp pinjenötter
- 8 matskedar (0,35 oz) basilika
- 1 tesked bordssalt
- 9 matskedar extra virgin olivolja
- 2 msk parmesanost som ska rivas
- 1 oz Pecorino som ska rivas
- För de sauterade räkorna:
- 8,8 oz räkor
- 1 vitlöksklyfta
- 7 teskedar extra virgin olivolja
- Nypa salt

Vägbeskrivning:

Börja med att förbereda peston:

Efter att du tvättat zucchinin, riv dem, lägg dem i ett durkslag (för att de ska tappa lite överflödig vätska) och salta dem lätt. Lägg pinjenötter, zucchini och basilikablad i mixern. Tillsätt riven parmesan, pecorino och extra jungfruolja.

Mixa allt tills blandningen är krämig, rör ner en nypa salt och ställ åt sidan.

Byt till räkor:

Först och främst, dra ut tarmen genom att skära av räkans rygg med en kniv längs hela dess längd och, med knivspetsen, ta bort den svarta tråden inuti.

Koka vitlöksklyftan i en non-stick panna med extra virgin olivolja. När den fått färg, ta bort vitlöken och tillsätt räkorna. Fräs dem i cirka 5 minuter på medelvärme, tills du ser en krispig skorpa bildas på utsidan.

Koka sedan upp en kastrull med saltat vatten och koka Garganelli. Ställ ett par skedar kokvatten åt sidan och låt rinna av pastan al dente.

Lägg Garganelli i pannan där du kokade räkorna. Koka ihop en minut, tillsätt en sked kokvatten och tillsätt till sist zucchinipeston.

Blanda allt väl för att kombinera pastan med såsen.

Näring (för 100g):776 kalorier 46g Fett 68g Kolhydrater 22,5g Protein 835mg Natrium

Laxrisotto

Förberedelsetid: 10 minuter

Tillagningstid: 30 minuter

Portioner: 4

Svårighetsgrad: Genomsnittlig

Ingredienser:

- 1 ¾ kopp (12,3 oz) ris
- 8,8 oz laxbiffar
- 1 purjolök
- Extra virgin olivolja efter smak
- 1 vitlöksklyfta
- ½ glas vitt vin
- 3 ½ matskedar riven Grana Padano
- salt att smaka
- Svartpeppar efter smak
- 17 fl. oz (500 ml) Fiskbuljong
- 1 kopp smör

Vägbeskrivning:

Börja med att rensa laxen och skär den i små bitar. Koka 1 msk olja i en panna med en hel vitlöksklyfta och bryn laxen i 2/3 minuter, tillsätt salt och ställ laxen åt sidan, ta bort vitlöken.

Börja nu förbereda risotton:

Skär purjolöken i mycket små bitar och låt puttra i en kastrull på svag värme med två matskedar olja. Rör ner riset och koka det i några sekunder på medelhög värme, rör om med en träslev.

Rör ner det vita vinet och fortsätt tillagan, rör om då och då, försök att inte låta riset fastna i pannan och tillsätt fonden (grönsaker eller fisk) gradvis.

Halvvägs genom tillagningen, tillsätt laxen, smöret och en nypa salt om det behövs. När riset är väl kokt, ta bort från värmen. Kombinera med ett par matskedar riven Grana Padano och servera.

Näring (för 100g):521 kalorier 13g Fett 82g Kolhydrater 19g Protein 839mg Natrium

Pasta med körsbärstomater och ansjovis

Förberedelsetid: 15 minuter

Tillagningstid: 35 minuter

Portioner: 4

Svårighetsgrad: Lätt

Ingredienser:

- 10,5 oz spagetti
- 1,3 pund körsbärstomater
- 9 oz ansjovis (förrensad)
- 2 msk kapris
- 1 vitlöksklyfta
- 1 Liten rödlök
- Persilja efter smak
- Extra virgin olivolja efter smak
- Bordssalt efter smak
- Svartpeppar efter smak
- Svarta oliver efter smak

Vägbeskrivning:

Skär vitlöksklyftan, få tunna skivor.

Skär körsbärstomaterna i 2. Skala löken och skiva den tunt.

Lägg lite olja med den skivade vitlöken och löken i en kastrull. Värm allt på medelvärme i 5 minuter; rör om då och då.

När allt har smaksatts väl, tillsätt körsbärstomaterna och en nypa salt och peppar. Koka i 15 minuter. Ställ under tiden en kastrull med vatten på spisen och tillsätt saltet och pastan så snart det kokar.

När såsen nästan är klar, blanda i ansjovisen och koka i ett par minuter. Rör om försiktigt.

Stäng av värmen, hacka persiljan och lägg den i pannan.

När den är kokt, sila pastan och rör ner direkt i såsen. Slå på värmen igen i några sekunder.

Näring (för 100g):446 kalorier 10 g Fett 66,1 g Kolhydrater 22,8 g Protein 934 mg Natrium

Broccoli och Korv Orecchiette

Förberedelsetid: 10 minuter

Tillagningstid: 32 minuter

Portioner: 4

Svårighetsgrad: Genomsnittlig

Ingredienser:

- 11,5 oz orecchiette
- 10.5 Broccoli
- 10,5 oz korv
- 1,35 fl. oz (40 ml) Vitt vin
- 1 vitlöksklyfta
- 2 timjankvistar
- 7 teskedar extra virgin olivolja
- Svartpeppar efter smak
- Bordssalt efter smak

Vägbeskrivning:

Koka grytan med full vatten och salt. Ta bort broccolibuktorerna från stjälken och skär dem i hälften eller 4 delar om de är för stora; lägg dem sedan i det kokande vattnet och täck grytan och koka i 6-7 minuter.

Finhacka under tiden timjan och ställ åt sidan. Dra ut tarmen från korven och krossa den försiktigt med hjälp av en gaffel.

Fräs vitlöksklyftan med lite olivolja och tillsätt korven. Tillsätt efter några sekunder timjan och lite vitt vin.

Utan att slänga ut kokvattnet, ta bort den kokta broccolin med hjälp av en hålslev och tillsätt dem i köttet lite i taget. Koka allt i 3-4 minuter. Ta bort vitlöken och tillsätt en nypa svartpeppar.

Låt vattnet där du kokade broccolin koka upp, häll sedan i pastan och låt den koka. När pastan är kokt, sila den med en hålslev och överför den direkt till broccolin och korvsåsen. Blanda sedan väl, tillsätt svartpeppar och fräs allt i pannan i ett par minuter.

Näring (för 100g):683 Kalorier 36g Fett 69,6g Kolhydrater 20g Protein 733mg Natrium

Radicchio och rökt baconrisotto

Förberedelsetid: 10 minuter

Tillagningstid: 30 minuter

Portioner: 3

Svårighetsgrad: Genomsnittlig

Ingredienser:

- 1 ½ kopp ris
- 14 oz Radicchio
- 5,3 oz rökt bacon
- 34 fl. oz (1l) Grönsaksbuljong
- 3,4 fl. oz (100 ml) rött vin
- 7 teskedar extra virgin olivolja
- 1,7 oz schalottenlök
- Bordssalt efter smak
- Svartpeppar efter smak
- 3 kvistar timjan

Vägbeskrivning:

Låt oss börja med beredningen av grönsaksbuljongen.

Börja med radicchio: skär den på mitten och ta bort den centrala delen (den vita delen). Skär den i strimlor, skölj väl och ställ åt sidan. Skär också det rökta baconet i små strimlor.

Hacka schalottenlöken fint och lägg den i en kastrull med lite olja. Låt det puttra på medelvärme, tillsätt en slev buljong, tillsätt sedan baconet och låt det bryna.

Efter cirka 2 minuter, tillsätt riset och rosta det, rör om ofta. Häll nu rödvinet på hög värme.

När all alkohol har avdunstat, fortsätt tillagningen och tillsätt en slev buljong åt gången. Låt den föregående torka innan du lägger till en till, tills den är helt genomstekt. Tillsätt salt och svartpeppar (det är upp till hur mycket du bestämmer dig för att lägga till).

I slutet av tillagningen lägger du till remsorna av radicchio. Blanda dem väl tills de blandas med riset, men utan att koka dem. Tillsätt den hackade timjan.

Näring (för 100g):482 Kalorier 17,5 g Fett 68,1 g Kolhydrater 13 g Protein 725 mg Natrium

Pasta alla Genovese

Förberedelsetid: 10 minuter

Tillagningstid: 25 minuter

Portioner: 3

Svårighetsgrad: Genomsnittlig

Ingredienser:

- 11,5 oz Ziti
- 1 pund nötkött
- 2,2 pund gyllene lök
- 2 oz selleri
- 2oz morötter
- 1 tofs persilja
- 3,4 fl. oz (100 ml) Vitt vin
- Extra virgin olivolja efter smak
- Bordssalt efter smak
- Svartpeppar efter smak
- Parmesan efter smak

Vägbeskrivning:

Börja med att förbereda pastan:

Skala och finhacka lök och morötter. Tvätta och finhacka sedan sellerin (kasta inte bladen, som också måste hackas och läggas åt sidan). Byt sedan till köttet, rengör det från överflödigt fett och skär det i 5/6 stora bitar. Bind slutligen ihop bladselleri och persiljekvist med köksgarn för att skapa ett doftande gäng.

Fyll mycket olja i en stor kastrull. Tillsätt lök, selleri och morötter (som du tidigare hade lagt åt sidan) och låt dem koka i ett par minuter.

Tillsätt sedan köttbitarna, en nypa salt och det doftande gänget. Rör om och koka i några minuter. Sänk sedan värmen och täck med ett lock.

Koka i minst 3 timmar (tillsätt inte vatten eller buljong eftersom löken kommer att släppa ut all vätska som behövs för att förhindra att botten av pannan torkar). Kontrollera då och då allt och rör om.

Efter 3 timmars tillagning, ta bort örtknippet, öka värmen något, tillsätt en del av vinet och rör om.

Koka köttet utan lock i cirka en timme, rör om ofta och tillsätt vinet när botten av pannan torkat.

Vid det här laget tar du en köttbit, skär den i skivor på en skärbräda och ställ åt sidan. Hacka ziti och koka dem i kokande saltat vatten.

När den är kokt, töm den och lägg tillbaka den i grytan. Pensla några matskedar kokvatten och rör om. Lägg upp på en tallrik och tillsätt lite sås och smulat kött (det som ställdes åt sidan i steg 7). Tillsätt peppar och riven parmesan efter smak.

Näring (för 100g):450 kalorier 8g Fett 80g Kolhydrater 14,5g Protein 816mg Natrium

Blomkålspasta från Neapel

Förberedelsetid: 15 minuter

Tillagningstid: 35 minuter

Portioner: 3

Svårighetsgrad: Genomsnittlig

Ingredienser:

- 10,5 oz pasta
- 1 blomkål
- 3,4 fl. 100 ml tomatpuré
- 1 vitlöksklyfta
- 1 chilipeppar
- 3 matskedar extra virgin olivolja (eller teskedar)
- Salt att smaka
- Peppar efter smak

Vägbeskrivning:

Rengör blomkålen väl: ta bort de yttre bladen och stjälken. Skär den i små buketter.

Skala vitlöksklyftan, hacka den och bryn den i en kastrull med olja och chilipeppar.

Tillsätt tomatpuré och blomkålsbuketter och låt dem bryna i några minuter på medelvärme, täck sedan med några slevar vatten och koka i 15-20 minuter eller åtminstone tills blomkålen börjar bli krämig.

Om du ser att botten av pannan är för torr, tillsätt så mycket vatten som behövs så att blandningen förblir flytande.

Täck nu blomkålen med varmt vatten och, när den kokar, tillsätt pastan.

Krydda med salt och peppar.

Näring (för 100g):458 kalorier 18g Fett 65g Kolhydrater 9g Protein 746mg Natrium

Pasta e Fagioli med apelsin och fänkål

Förberedelsetid: 10 minuter

Tillagningstid: 30 minuter

Portioner: 5

Svårighetsgrad: Svårighetsgrad

Ingredienser:

- Extra jungfruolja - 1 msk. plus extra för servering
- Pancetta - 2 uns, finhackad
- Lök - 1, finhackad
- Fänkål – 1 glödlampa, stjälkar kasserade, glödlampa halverade, kärnade ur och finhackad
- Selleri - 1 revben, finhackad
- Vitlök - 2 klyftor, hackade
- Ansjovisfiléer – 3, sköljda och hackade
- Finhackad färsk oregano - 1 msk.
- Rivet apelsinskal - 2 tsk.
- Fänkålsfrön - ½ tsk.
- Röd paprikaflingor - ¼ tsk.
- Tärnade tomater - 1 (28-ounce) burk
- Parmesanost – 1 skal, plus mer till servering
- Cannellinibönor - 1 (7-ounce) burkar, sköljda
- Kycklingbuljong - 2 ½ koppar
- Vatten - 2 ½ koppar
- Salt och peppar

- Orzo - 1 kopp
- Finhackad färsk persilja - ¼ kopp

Vägbeskrivning:

Värm olja i en holländsk ugn på medelvärme. Tillsätt pancetta. Stek i 3 till 5 minuter eller tills de börjar få färg. Rör ner selleri, fänkål och lök och fräs tills det mjuknat (cirka 5 till 7 minuter).

Rör ner pepparflingor, fänkålsfrön, apelsinskal, oregano, ansjovis och vitlök. Koka i 1 minut. Rör ner tomater och deras juice. Rör ner parmesanskal och bönor.

Sjud och koka i 10 minuter. Rör ner vatten, buljong och 1 tsk. salt. Låt det koka på hög värme. Rör ner pastan och koka tills den är al dente.

Ta av från värmen och kassera parmesanskalet.

Rör ner persilja och smaka av med salt och peppar. Häll lite olivolja och toppa med riven parmesan. Tjäna.

Näring (för 100g):502 kalorier 8,8 g Fett 72,2 g Kolhydrater 34,9 g Protein 693 mg Natrium

Spaghetti al Limone

Förberedelsetid: 10 minuter

Tillagningstid: 15 minuter

Portioner: 6

Svårighetsgrad: Lätt

Ingredienser:

- Extra virgin olivolja - ½ kopp
- Rivet citronskal - 2 tsk.
- Citronsaft - 1/3 kopp
- Vitlök - 1 kryddnejlika, finhackad till paté
- Salt och peppar
- Parmesanost - 2 uns, riven
- Spaghetti - 1 pund
- Strimlad färsk basilika - 6 msk.

Vägbeskrivning:

Vispa vitlök, olja, citronskal, juice, ½ tsk i en skål. salt och ¼ tsk. peppar. Rör ner parmesanen och blanda tills det blir krämigt.

Koka under tiden pastan enligt anvisningarna på förpackningen. Häll av och spara ½ dl kokvatten. Tillsätt oljeblandningen och basilikan till pastan och blanda ihop. Krydda väl och rör ner kokvattnet efter behov. Tjäna.

Näring (för 100g):398 kalorier 20,7g Fett 42,5g Kolhydrater 11,9g Protein 844mg Natrium

Kryddad grönsakscouscous

Förberedelsetid: 10 minuter

Tillagningstid: 20 minuter

Portioner: 6

Svårighetsgrad: Svår

Ingredienser:

- Blomkål – 1 huvud, skuren i 1-tums buketter
- Extra virgin olivolja - 6 msk. plus extra för servering
- Salt och peppar
- Couscous - 1 ½ koppar
- Zucchini - 1, skär i ½ tums bitar
- Röd paprika - 1, skaftad, kärnad och skär i ½ tums bitar
- Vitlök - 4 kryddnejlika, hackad
- Ras el hanout – 2 tsk.
- Rivet citronskal -1 tsk. plus citronklyftor till servering
- Kycklingbuljong - 1 ¾ koppar
- Finhackad färsk mejram - 1 msk.

Vägbeskrivning:

Värm 2 msk i en stekpanna. olja på medelvärme. Tillsätt blomkål, ¾ tsk. salt och ½ tsk. peppar. Blanda. Koka tills buketter blir bruna och kanterna är precis genomskinliga.

Ta av locket och koka under omrörning i 10 minuter, eller tills buketter blir gyllenbruna. Överför till en skål och rengör stekpannan. Värm 2 msk. olja i stekpannan.

Tillsätt couscousen. Koka och fortsätt att röra i 3 till 5 minuter, eller tills kornen precis börjar bli bruna. Överför till en skål och rengör stekpannan. Värm de återstående 3 msk. olja i stekpannan och tillsätt paprika, zucchini och ½ tsk. salt. Koka i 8 minuter.

Rör ner citronskal, ras el hanout och vitlök. Koka tills det doftar (ca 30 sekunder). Lägg i buljongen och låt puttra. Rör ner couscousen. Dra av från värmen och ställ åt sidan tills den är mjuk.

Tillsätt mejram och blomkål; fluffa sedan försiktigt med en gaffel för att införliva. Ringla över extra olja och krydda väl. Servera med citronklyftor.

Näring (för 100g):787 kalorier 18,3g Fett 129,6g Kolhydrater 24,5g Protein 699mg Natrium

Kryddat bakat ris med fänkål

Förberedelsetid: 10 minuter

Tillagningstid: 45 minuter

Portioner: 8

Svårighetsgrad: Genomsnittlig

Ingredienser:

- Sötpotatis - 1 ½ pund, skalad och skuren i 1-tums bitar
- Extra virgin olivolja - ¼ kopp
- Salt och peppar
- Fänkål – 1 glödlampa, finhackad
- Liten lök - 1, finhackad
- Långkornigt vitt ris - 1 ½ koppar, sköljt
- Vitlök - 4 kryddnejlika, hackad
- Ras el hanout – 2 tsk.
- Kycklingbuljong - 2 ¾ koppar
- Stora, urkärnade, saltlagda gröna oliver – ¾ kopp, halverade
- Finhackad färsk koriander - 2 msk.
- Limeklyftor

Vägbeskrivning:

Placera ugnsgallret i mitten och förvärm ugnen till 400F. Kasta potatisen med ½ tsk. salt och 2 msk. olja.

Lägg potatisen i ett enda lager i en kantad bakplåt och rosta i 25 till 30 minuter, eller tills den är mjuk. Rör om potatisen halvvägs genom stekningen.

Dra ut potatisen och sänk ugnstemperaturen till 350F. Värm de återstående 2 msk i en holländsk ugn. olja på medelvärme.

Tillsätt lök och fänkål; koka sedan i 5 till 7 minuter, eller tills det mjuknat. Rör ner ras el hanout, vitlök och ris. Fräs i 3 minuter.

Rör ner oliverna och buljongen och låt stå i 10 minuter. Tillsätt potatisen till riset och fluffa försiktigt med en gaffel för att kombinera. Krydda med salt och peppar efter smak. Garnera med koriander och servera med limeklyftor.

Näring (för 100g):207 kalorier 8,9 g Fett 29,4 g Kolhydrater 3,9 g Protein 711 mg Natrium

Couscous i marockansk stil med kikärter

Förberedelsetid: 5 minuter

Tillagningstid: 18 minuter

Portioner: 6

Svårighetsgrad: Genomsnittlig

Ingredienser:

- Extra jungfruolja – ¼ kopp, extra för servering
- Couscous - 1 ½ koppar
- Skalade och hackade fina morötter - 2
- Finhackad lök - 1
- Salt och peppar
- Vitlök - 3 klyftor, hackade
- Mald koriander - 1 tsk.
- Mald ingefära - tsk.
- Malet anisfrö - ¼ tsk.
- Kycklingbuljong - 1 ¾ koppar
- Kikärter - 1 (15-ounce) burk, sköljda
- Frysta ärtor - 1 ½ koppar
- Hackad färsk persilja eller koriander – ½ kopp
- Citronklyftor

Vägbeskrivning:

Värm 2 msk. olja i en stekpanna på medelvärme. Blanda i couscousen och koka i 3 till 5 minuter, eller tills den precis börjar få färg. Överför till en skål och rengör stekpannan.

Värm resterande 2 msk. olja i stekpannan och tillsätt löken, morötterna och 1 tsk. salt. Koka i 5 till 7 minuter. Rör ner anis, ingefära, koriander och vitlök. Koka tills det doftar (ca 30 sekunder).

Blanda kikärtorna och buljongen och låt sjuda. Rör ner couscous och ärter. Täck över och ta bort från värmen. Ställ åt sidan tills couscousen är mjuk.

Tillsätt persiljan i couscousen och luva med en gaffel för att kombinera. Pensla med extra olja och krydda väl. Servera med citronklyftor.

Näring (för 100g):649 Kalorier 14,2g Fett 102,8g Kolhydrater 30,1g Protein 812mg Natrium

Vegetarisk paella med gröna bönor och kikärter

Förberedelsetid: 10 minuter

Tillagningstid: 35 minuter

Portioner: 4

Svårighetsgrad: Lätt

Ingredienser:

- Nypa saffran
- Grönsaksbuljong - 3 koppar
- Olivolja - 1 msk.
- Gul lök - 1 stor, tärnad
- Vitlök - 4 klyftor, skivade
- Röd paprika - 1 st, tärnad
- Krossade tomater – ¾ kopp, färska eller konserverade
- Tomatpuré - 2 msk.
- Varm paprika - 1 ½ tsk.
- Salt - 1 tsk.
- Nymalen svartpeppar - ½ tsk.
- Gröna bönor - 1 ½ koppar, putsade och halverade
- Kikärter - 1 (15-ounce) burk, avrunna och sköljda
- Kortkornigt vitt ris - 1 kopp
- Citron - 1, skär i klyftor

Vägbeskrivning:

Blanda saffranstrådarna med 3 msk. varmt vatten i en liten skål. Låt vattnet sjuda på medelvärme i en kastrull. Sänk värmen och låt puttra.

Koka oljan i en stekpanna på medelvärme. Blanda i löken och fräs i 5 minuter. Tillsätt paprikan och vitlöken och fräs i 7 minuter eller tills paprikan är mjuk. Rör ner saffran-vattenblandningen, salt, peppar, paprika, tomatpuré och tomater.

Tillsätt riset, kikärtorna och haricots verts. Rör ner den varma buljongen och låt koka upp. Sänk värmen och låt puttra utan lock i 20 minuter.

Servera varm, garnerad med citronklyftor.

Näring (för 100g):709 kalorier 12g Fett 121g Kolhydrater 33g Protein 633mg Natrium

Vitlöksräkor med tomater och basilika

Förberedelsetid: 10 minuter

Tillagningstid: 10 minuter

Portioner: 4

Svårighetsgrad: Lätt

Ingredienser:

- Olivolja - 2 msk.
- Räkor - 1 ¼ pounds, skalade och urvattnade
- Vitlök - 3 klyftor, hackade
- Krossade rödpepparflingor - 1/8 tsk.
- Torrt vitt vin - ¾ kopp
- Druvtomater - 1 ½ koppar
- Finhackad färsk basilika – ¼ kopp, plus mer till garnering
- Salt - ¾ tsk.
- Malen svartpeppar - ½ tsk.

Vägbeskrivning:

Värm oljan på medelhög värme i en stekpanna. Tillsätt räkorna och koka i 1 minut, eller tills de precis är genomstekta. Överför till en tallrik.

Lägg rödpepparflingorna och vitlöken till oljan i pannan och koka under omrörning i 30 sekunder. Rör ner vinet och koka tills det reducerats till ungefär hälften.

Tillsätt tomaterna och fräs tills tomaterna börjar brytas ner (cirka 3 till 4 minuter). Rör i de reserverade räkorna, salt, peppar och basilika. Koka i 1 till 2 minuter till.

Servera garnerad med resterande basilika.

Näring (för 100g):282 kalorier 10 g fett 7 g kolhydrater 33 g protein 593 mg natrium

Räkpaella

Förberedelsetid: 10 minuter

Tillagningstid: 25 minuter

Portioner: 4

Svårighetsgrad: Genomsnittlig

Ingredienser:

- Olivolja - 2 msk.
- Medelstor lök - 1 st, tärnad
- Röd paprika - 1 st, tärnad
- Vitlök - 3 klyftor, hackade
- Nypa saffran
- Varm paprika - ¼ tsk.
- Salt - 1 tsk.
- Nymalen svartpeppar - ½ tsk.
- Kycklingbuljong - 3 koppar, delad
- Kortkornigt vitt ris - 1 kopp
- Skalade och rensade stora räkor – 1 pund
- Frysta ärtor - 1 kopp, tinade

Vägbeskrivning:

Hetta upp olivolja i en stekpanna. Rör ner löken och paprikan och fräs i 6 minuter, eller tills den mjuknat. Tillsätt salt, peppar, paprika, saffran och vitlök och blanda. Rör ner 2 ½ dl buljong och ris.

Låt blandningen koka och låt sjuda tills riset är kokt, cirka 12 minuter. Lägg räkorna och ärtorna över riset och tillsätt resterande ½ kopp buljong.

Sätt tillbaka locket på stekpannan och koka tills alla räkor precis är genomstekta (cirka 5 minuter). Tjäna.

Näring (för 100g):409 kalorier 10 g fett 51 g kolhydrater 25 g protein 693 mg natrium

Linssallad med oliver, mynta och fetaost

Förberedelsetid: 60 minuter

Tillagningstid: 60 minuter

Portioner: 6

Svårighetsgrad: Genomsnittlig

Ingredienser:

- Salt och peppar
- Franska linser – 1 dl, plockade över och sköljda
- Vitlök – 5 klyftor, lätt krossade och skalade
- lagerblad - 1
- Extra virgin olivolja - 5 msk.
- Vitvinsvinäger - 3 msk.
- Urkärnade Kalamata-oliver – ½ kopp, hackade
- Hackad färsk mynta - ½ kopp
- Schalottenlök - 1 stor, finhackad
- Fetaost - 1 uns, smulad

Vägbeskrivning:

Tillsätt 4 koppar varmt vatten och 1 tsk. salt i en skål. Tillsätt linserna och blötlägg i rumstemperatur i 1 timme. Dränera väl.

Placera ugnsgallret i mitten och värm ugnen till 325F. Kombinera linser, 4 dl vatten, vitlök, lagerblad och ½ tsk. salt i en kastrull. Täck och ställ kastrullen i ugnen och koka i 40 till 60 minuter, eller tills linserna är mjuka.

Låt linserna rinna av väl, släng vitlök och lagerblad. I en stor skål, gissla olja och vinäger tillsammans. Tillsätt schalottenlök, mynta, oliver och linser och blanda ihop.

Krydda med salt och peppar efter smak. Lägg fint i serveringsfatet och garnera med fetaost. Tjäna.

Näring (för 100g):249 Kalorier 14,3g Fett 22,1g Kolhydrater 9,5g Protein 885mg Natrium

Kikärter med vitlök och persilja

Förberedelsetid: 5 minuter

Tillagningstid: 20 minuter

Portioner: 6

Svårighetsgrad: Genomsnittlig

Ingredienser:

- Extra virgin olivolja - ¼ kopp
- Vitlök - 4 klyftor, tunna skivor
- Röd paprikaflingor - 1/8 tsk.
- Lök - 1, hackad
- Salt och peppar
- Kikärter - 2 (15-ounce) burkar, sköljda
- Kycklingbuljong - 1 kopp
- Finhackad färsk persilja - 2 msk.
- Citronsaft - 2 tsk.

Vägbeskrivning:

Tillsätt 3 msk i en stekpanna. olja och koka vitlök och pepparflingor i 3 minuter. Rör ner lök och ¼ tsk. salta och koka i 5 till 7 minuter.

Blanda i kikärtorna och buljongen och låt sjuda upp. Sänk värmen och låt sjuda på låg värme i 7 minuter under lock.

Avtäck och ställ in värmen på hög och koka i 3 minuter, eller tills all vätska har avdunstat. Ställ åt sidan och blanda i citronsaft och persilja.

Krydda med salt och peppar efter smak. Ringla över 1 msk. olja och servera.

Näring (för 100g):611 kalorier 17,6g Fett 89,5g Kolhydrater 28,7g Protein 789mg Natrium

Stuvade kikärter med aubergine och tomater

Förberedelsetid: 10 minuter

Tillagningstid: 60 minuter

Portioner: 6

Svårighetsgrad: Lätt

Ingredienser:

- Extra virgin olivolja - ¼ kopp
- Lökar - 2, hackade
- Grön paprika - 1, finhackad
- Salt och peppar
- Vitlök - 3 klyftor, hackade
- Finhackad färsk oregano - 1 msk.
- Lagerblad - 2
- Aubergine - 1 pund, skuren i 1-tums bitar
- Hela skalade tomater – 1 burk, avrunna med saft reserverad, hackad
- Kikärter - 2 (15-ounce) burkar, dränerade med 1 kopp vätska reserverad

Vägbeskrivning:

Placera ugnsgallret på den nedre mittendelen och värm ugnen till 400F. Värm olja i den holländska ugnen. Tillsätt paprika, lök, ½ tsk. salt och ¼ tsk. peppar. Fräs i 5 minuter.

Rör ner 1 tsk. oregano, vitlök och lagerblad och koka i 30 sekunder. Rör i tomater, aubergine, reserverad juice, kikärter och reserverad vätska och koka upp. Överför grytan till ugnen och tillaga, utan lock, i 45 till 60 minuter. Rör om två gånger.

Kasta lagerbladen. Rör ner de återstående 2 tsk. oregano och smaka av med salt och peppar. Tjäna.

Näring (för 100g):642 kalorier 17,3 g Fett 93,8 g Kolhydrater 29,3 g Protein 983 mg Natrium

Grekiskt citronris

Förberedelsetid: 20 minuter

Tillagningstid: 45 minuter

Portioner: 6

Svårighetsgrad: Genomsnittlig

Ingredienser:

- Långkornigt ris - 2 koppar, okokt (blötlagt i kallt vatten i 20 minuter, sedan avrunnet)
- Extra virgin olivolja - 3 msk.
- Gul lök - 1 medium, hackad
- Vitlök - 1 kryddnejlika, hackad
- Orzo pasta - ½ kopp
- Saft av 2 citroner, plus skal av 1 citron
- Låg natriumbuljong - 2 koppar
- Nypa salt
- Hackad persilja - 1 stor näve
- Dill ogräs - 1 tsk.

Vägbeskrivning:

Värm 3 msk i en kastrull. extra virgin olivolja. Tillsätt löken och fräs i 3 till 4 minuter. Tillsätt orzopastan och vitlöken och blanda ihop.

Släng sedan i riset för att täcka. Tillsätt buljongen och citronsaften. Koka upp och sänk värmen. Täck över och koka i cirka 20 minuter.

Ta bort från värmen. Täck över och ställ åt sidan i 10 minuter. Avtäck och rör ner citronskal, dillgräs och persilja. Tjäna.

Näring (för 100g):145 kalorier 6,9 g Fett 18,3 g Kolhydrater 3,3 g Protein 893 mg Natrium

Vitlök-ört ris

Förberedelsetid: 10 minuter

Tillagningstid: 30 minuter

Portioner: 4

Svårighetsgrad: Lätt

Ingredienser:

- Extra jungfruolja - ½ kopp, uppdelad
- Stora vitlöksklyftor – 5 st, hackade
- Brunt jasminris - 2 koppar
- Vatten - 4 koppar
- Havssalt - 1 tsk.
- Svartpeppar - 1 tsk.
- Hackad färsk gräslök - 3 msk.
- Hackad färsk persilja - 2 msk.
- Hackad färsk basilika - 1 msk.

Vägbeskrivning:

Tillsätt ¼ kopp olivolja, vitlök och ris i en kastrull. Rör om och värm på medelvärme. Rör ner vattnet, havssalt och svartpeppar. Blanda sedan igen.

Koka upp och sänk värmen. Sjud utan lock, rör om då och då.

När vattnet nästan har absorberats, blanda den återstående ¼-koppen olivolja, tillsammans med basilika, persilja och gräslök.

Rör om tills örterna är intagna och allt vatten absorberats.

Näring (för 100g):304 kalorier 25,8 g fett 19,3 g kolhydrater 2 g protein 874 mg natrium

Medelhavsrissallad

Förberedelsetid: 10 minuter

Tillagningstid: 25 minuter

Portioner: 4

Svårighetsgrad: Genomsnittlig

Ingredienser:

- Extra virgin olivolja - ½ kopp, delad
- Långkornigt brunt ris - 1 kopp
- Vatten - 2 koppar
- Färsk citronsaft - ¼ kopp
- Vitlöksklyfta - 1, finhackad
- Finhackad färsk rosmarin - 1 tsk.
- Malet färsk mynta - 1 tsk.
- Belgisk endive – 3, hackad
- Röd paprika - 1 medium, hackad
- Växthusgurka - 1, hackad
- Hackad hel salladslök - ½ kopp
- Hackade Kalamata-oliver – ½ kopp
- Röd paprikaflingor - ¼ tsk.
- Smulad fetaost – ¾ kopp
- Havssalt och svartpeppar

Vägbeskrivning:

Värm ¼ kopp olivolja, ris och en nypa salt i en kastrull på låg värme. Rör om för att täcka riset. Tillsätt vattnet och låt puttra tills vattnet absorberats. Rör om i mellanåt. Häll riset i en stor skål och svalna.

I en annan skål, blanda ihop den återstående ¼ koppen olivolja, rödpepparflingor, oliver, salladslök, gurka, paprika, endiver, mynta, rosmarin, vitlök och citronsaft.

Lägg riset till blandningen och blanda ihop. Blanda försiktigt i fetaosten.

Smaka av och justera kryddningen. Tjäna.

Näring (för 100g):415 kalorier 34g Fett 28,3g Kolhydrater 7g Protein 4755mg Natrium

Sallad med färska bönor och tonfisk

Förberedelsetid: 5 minuter

Tillagningstid: 20 minuter

Portioner: 6

Svårighetsgrad: Lätt

Ingredienser:

- Skalade (shucked) färska bönor - 2 koppar
- Lagerblad - 2
- Extra virgin olivolja - 3 msk.
- Rödvinsvinäger - 1 msk.
- Salt och svartpeppar
- Tonfisk av bästa kvalitet - 1 (6-ounce) burk, packad i olivolja
- Saltad kapris - 1 msk. blötlagd och torkad
- Finhackad plattbladspersilja – 2 msk.
- Rödlök - 1, skivad

Vägbeskrivning:

Koka upp lättsaltat vatten i en kastrull. Tillsätt bönorna och lagerbladen; koka sedan i 15 till 20 minuter, eller tills bönorna är mjuka men fortfarande fasta. Häll av, kassera aromater och överför till en skål.

Smörj genast bönorna med vinäger och olja. Tillsätt salt och svartpeppar. Blanda väl och krydda. Låt tonfisken rinna av och flinga ner tonfiskköttet i bönsalladen. Tillsätt persiljan och kaprisen. Rör om för att blanda och strö rödlökskivorna över toppen. Tjäna.

Näring (för 100g):85 kalorier 7,1g Fett 4,7g Kolhydrater 1,8g Protein 863mg Natrium

Läcker kycklingpasta

Förberedelsetid: 10 minuter

Tillagningstid: 17 minuter

Portioner: 4

Svårighetsgrad: Lätt

Ingredienser:

- 3 kycklingbröst, utan skinn, utan ben, skurna i bitar
- 9 oz fullkornspasta
- 1/2 kopp oliver, skivade
- 1/2 dl soltorkade tomater
- 1 msk rostad röd paprika, hackad
- 14 oz burk tomat, tärnad
- 2 dl marinarasås
- 1 dl kycklingbuljong
- Peppar
- Salt

Vägbeskrivning:

Rör ner alla ingredienser utom fullkornspasta i snabbgrytan.

Förslut locket och koka högt i 12 minuter.

När det är gjort, låt släppa trycket naturligt. Ta bort locket.

Tillsätt pasta och rör om väl. Förslut potten igen och välj manuell och ställ in timern på 5 minuter.

När du är klar, släpp trycket i 5 minuter och släpp sedan återstående med snabbkoppling. Ta bort locket. Rör om väl och servera.

Näring (för 100g):615 kalorier 15,4g Fett 71g Kolhydrater 48g Protein 631mg Natrium

Smaker Taco Rice Bowl

Förberedelsetid: 10 minuter

Tillagningstid: 14 minuter

Portioner: 8

Svårighetsgrad: Genomsnittlig

Ingredienser:

- 1 lb. köttfärs
- 8 oz cheddarost, strimlad
- 14 oz burk röda bönor
- 2 oz tacokrydda
- 16 oz salsa
- 2 koppar vatten
- 2 koppar brunt ris
- Peppar
- Salt

Vägbeskrivning:

Ställ in omedelbar gryta på sautéläge.

Lägg köttet i grytan och fräs tills det är brunt.

Tillsätt vatten, bönor, ris, tacokrydda, peppar och salt och rör om väl.

Toppa med salsa. Stäng locket och koka på hög temperatur i 14 minuter.

När du är klar, släpp trycket med snabbkoppling. Ta bort locket.

Blanda i cheddarosten och rör tills osten smält.

Servera och njut.

Näring (för 100g):464 kalorier 15,3 g Fett 48,9 g Kolhydrater 32,2 g Protein 612 mg Natrium

Smakrik Mac & Cheese

Förberedelsetid: 10 minuter

Tillagningstid: 10 minuter

Portioner: 6

Svårighetsgrad: Lätt

Ingredienser:

- 16 oz fullkornspasta
- 4 koppar vatten
- 1 kopp burk tomat, tärnad
- 1 tsk vitlök, hackad
- 2 msk olivolja
- 1/4 kopp salladslök, hackad
- 1/2 dl parmesanost, riven
- 1/2 dl mozzarellaost, riven
- 1 dl cheddarost, riven
- 1/4 kopp passata
- 1 kopp osötad mandelmjölk
- 1 kopp marinerad kronärtskocka, tärnad
- 1/2 dl soltorkade tomater, skivade
- 1/2 kopp oliver, skivade
- 1 tsk salt

Vägbeskrivning:

Tillsätt pasta, vatten, tomater, vitlök, olja och salt i snabbgrytan och rör om väl. Täck locket och koka på hög.

När du är klar, släpp trycket i några minuter och släpp sedan återstående med snabburladdning. Ta bort locket.

Ställ grytan på sautéläge. Tillsätt salladslök, parmesanost, mozzarellaost, cheddarost, passata, mandelmjölk, kronärtskocka, soltorkade tomater och olivolja. Blanda väl.

Rör om väl och koka tills osten smält.

Servera och njut.

Näring (för 100g):519 kalorier 17,1g Fett 66,5g Kolhydrater 25g Protein 588mg Natrium

Gurka olivris

Förberedelsetid: 10 minuter

Tillagningstid: 10 minuter

Portioner: 8

Svårighetsgrad: Genomsnittlig

Ingredienser:

- 2 dl ris, sköljt
- 1/2 kopp oliver, urkärnade
- 1 dl gurka, hackad
- 1 msk rödvinsvinäger
- 1 tsk citronskal, rivet
- 1 msk färsk citronsaft
- 2 msk olivolja
- 2 dl grönsaksbuljong
- 1/2 tsk torkad oregano
- 1 röd paprika, hackad
- 1/2 kopp lök, hackad
- 1 msk olivolja
- Peppar
- Salt

Vägbeskrivning:

Tillsätt olja i instantgrytans innergryta och välj grytan i sautéläge. Tillsätt lök och fräs i 3 minuter. Tillsätt paprika och oregano och fräs i 1 minut.

Tillsätt ris och buljong och rör om väl. Förslut locket och koka högst i 6 minuter. När det är klart, låt tryckavlastning i 10 minuter och släpp sedan återstående med snabbkoppling. Ta bort locket.

Tillsätt resterande ingredienser och rör om allt väl för att blandas. Servera genast och njut.

Näring (för 100g):229 Kalorier 5,1g Fett 40,2g Kolhydrater 4,9g Protein 210mg Natrium

Smaker Ört Risotto

Förberedelsetid: 10 minuter

Tillagningstid: 15 minuter

Portioner: 4

Svårighetsgrad: Genomsnittlig

Ingredienser:

- 2 koppar ris
- 2 msk parmesanost, riven
- 3,5 oz tung grädde
- 1 msk färsk oregano, hackad
- 1 msk färsk basilika, hackad
- 1/2 msk salvia, hackad
- 1 lök, hackad
- 2 msk olivolja
- 1 tsk vitlök, hackad
- 4 dl grönsaksfond
- Peppar
- Salt

Vägbeskrivning:

Tillsätt olja i det inre kärlet i snabbgrytan och klicka på sautéläget. Tillsätt vitlök och lök i den inre pannan i snabbgrytan och tryck på grytan på sautéläge. Tillsätt vitlök och lök och fräs i 2-3 minuter.

Tillsätt resterande ingredienser förutom parmesanost och tjock grädde och rör om väl. Förslut locket och koka högt i 12 minuter.

När du är klar, släpp ut trycket i 10 minuter och släpp sedan återstående med snabbkoppling. Ta bort locket. Rör ner grädde och ost och servera.

Näring (för 100g):514 kalorier 17,6g Fett 79,4g Kolhydrater 8,8g Protein 488mg Natrium

Läcker Pasta Primavera

Förberedelsetid: 10 minuter

Tillagningstid: 4 minuter

Portioner: 4

Svårighetsgrad: Lätt

Ingredienser:

- 8 oz helvete penne pasta
- 1 msk färsk citronsaft
- 2 msk färsk persilja, hackad
- 1/4 kopp mandel strimlad
- 1/4 kopp parmesanost, riven
- 14 oz burk tomat, tärnad
- 1/2 kopp katrinplommon
- 1/2 kopp zucchini, hackad
- 1/2 kopp sparris
- 1/2 kopp morötter, hackade
- 1/2 kopp broccoli, hackad
- 1 3/4 dl grönsaksfond
- Peppar
- Salt

Vägbeskrivning:

Tillsätt fond, pars, tomater, katrinplommon, zucchini, sparris, morötter och broccoli i snabbgrytan och rör om väl. Stäng och koka på hög i 4 minuter. När du är klar, släpp trycket med snabbkoppling. Ta ut locket. Rör om resten av ingredienserna väl och servera.

Näring (för 100g):303 kalorier 2,6g Fett 63,5g Kolhydrater 12,8g Protein 918mg Natrium

Rostad Peppar Pasta

Förberedelsetid: 10 minuter

Tillagningstid: 13 minuter

Portioner: 6

Svårighetsgrad: Genomsnittlig

Ingredienser:

- 1 pund helvete penne pasta
- 1 msk italiensk krydda
- 4 dl grönsaksbuljong
- 1 msk vitlök, hackad
- 1/2 lök, hackad
- 14 oz burk rostad röd paprika
- 1 dl fetaost, smulad
- 1 msk olivolja
- Peppar
- Salt

Vägbeskrivning:

Tillsätt rostad paprika i mixern och mixa tills den är slät. Tillsätt olja i instantgrytans innergryta och sätt kannan på sautéläge. Tillsätt vitlök och lök i den inre koppen av snabbgrytan och sätt grytan på sauté. Tillsätt vitlök och lök och fräs i 2-3 minuter.

Tillsätt blandad rostad paprika och fräs i 2 minuter.

Tillsätt resterande ingredienser förutom fetaost och rör om väl. Förslut den tätt och koka på hög i 8 minuter. När du är klar, släpp trycket naturligt i 5 minuter och släpp sedan återstående med snabbkoppling. Ta bort locket. Toppa med fetaost och servera.

Näring (för 100g):459 kalorier 10,6 g Fett 68,1 g Kolhydrater 21,3 g Protein 724 mg Natrium

Ost Basilika Tomat Ris

Förberedelsetid: 10 minuter

Tillagningstid: 26 minuter

Portioner: 8

Svårighetsgrad: Genomsnittlig

Ingredienser:

- 1 1/2 dl brunt ris
- 1 dl parmesanost, riven
- 1/4 kopp färsk basilika, hackad
- 2 dl druvtomater, halverade
- 8 oz burk tomatsås
- 1 3/4 dl grönsaksbuljong
- 1 msk vitlök, hackad
- 1/2 kopp lök, tärnad
- 1 msk olivolja
- Peppar
- Salt

Vägbeskrivning:

Tillsätt olja i instantgrytans innerfat och välj grytan på sauté. Lägg vitlök och lök i det inre kärlet i instantgrytan och ställ det på sauté sätt. Blanda i vitlök och lök och fräs i 4 minuter. Tillsätt ris, tomatsås, buljong, peppar och salt och rör om väl.

Förslut den och koka på hög i 22 minuter.

När den är klar, låt den släppa trycket i 10 minuter och släpp sedan återstående med snabbkoppling. Ta bort locket. Rör ner resterande ingredienser och blanda. Servera och njut.

Näring (för 100g):208 kalorier 5,6g Fett 32,1g Kolhydrater 8,3g Protein 863mg Natrium

Mac & ost

Förberedelsetid: 10 minuter

Tillagningstid: 4 minuter

Portioner: 8

Svårighetsgrad: Lätt

Ingredienser:

- 1 pund fullkornspasta
- 1/2 dl parmesanost, riven
- 4 dl cheddarost, strimlad
- 1 dl mjölk
- 1/4 tsk vitlökspulver
- 1/2 tsk mald senap
- 2 msk olivolja
- 4 koppar vatten
- Peppar
- Salt

Vägbeskrivning:

Tillsätt pasta, vitlökspulver, senap, olja, vatten, peppar och salt i snabbgrytan. Förslut tätt och koka på hög i 4 minuter. När du är klar, släpp trycket med snabbkoppling. Öppna locket. Lägg resterande ingredienser och rör om väl och servera.

Näring (för 100g):509 kalorier 25,7 g Fett 43,8 g Kolhydrater 27,3 g Protein 766 mg Natrium

Tonfisk Pasta

Förberedelsetid: 10 minuter

Tillagningstid: 8 minuter

Portioner: 6

Svårighetsgrad: Genomsnittlig

Ingredienser:

- 10 oz burk tonfisk, avrunnen
- 15 oz helvete rotini pasta
- 4 oz mozzarellaost, i tärningar
- 1/2 dl parmesanost, riven
- 1 tsk torkad basilika
- 14 oz burk tomat
- 4 dl grönsaksbuljong
- 1 msk vitlök, hackad
- 8 oz champinjoner, skivade
- 2 zucchinis, skivade
- 1 lök, hackad
- 2 msk olivolja
- Peppar
- Salt

Vägbeskrivning:

Häll olja i instantgrytans innergryta och tryck på grytan på sauté. Tillsätt champinjoner, zucchini och lök och fräs tills löken är mjuk. Tillsätt vitlök och fräs en minut.

Tillsätt pasta, basilika, tonfisk, tomater och buljong och rör om väl. Förslut och koka på hög i 4 minuter. När du är klar, släpp trycket i 5 minuter och släpp sedan återstående med snabbkoppling. Ta bort locket. Tillsätt resterande ingredienser och rör om väl och servera.

Näring (för 100g):346 kalorier 11,9 g Fett 31,3 g Kolhydrater 6,3 g Protein 830 mg Natrium

Avokado och Turkiet Mix Panini

Förberedelsetid: 5 minuter

Tillagningstid: 8 minuter

Portioner: 2

Svårighetsgrad: Lätt

Ingredienser:

- 2 röda paprikor, rostade och skivade i strimlor
- ¼ lb. tunt skivad mesquite rökt kalkonbröst
- 1 dl hela färska spenatblad, delade
- 2 skivor provoloneost
- 1 msk olivolja, delad
- 2 ciabattarullar
- ¼ kopp majonnäs
- ½ mogen avokado

Vägbeskrivning:

Mosa ihop majonnäs och avokado ordentligt i en skål. Förvärm sedan Panini-pressen.

Hacka semlor på mitten och bred ut olivolja på insidan av brödet. Fyll sedan den med fyllning, lägg dem i lager allt eftersom: provolone, kalkonbröst, rostad röd paprika, spenatblad och bred avokadoblandning och täck med den andra brödskivan.

Lägg smörgåsen i paninipressen och grilla i 5 till 8 minuter tills osten har smält och brödet är knaprigt.

Näring (för 100g):546 kalorier 34,8 g Fett 31,9 g Kolhydrater 27,8 g Protein 582 mg Natrium

Gurka, kyckling och mango wrap

Förberedelsetid: 5 minuter

Tillagningstid: 20 minuter

Portioner: 1

Svårighetsgrad: Svår

Ingredienser:

- ½ av en medelstor gurka skuren på längden
- ½ mogen mango
- 1 msk valfri salladsdressing
- 1 fullkornstortilla wrap
- 1-tums tjock skiva kycklingbröst runt 6-tums längd
- 2 msk olja till stekning
- 2 msk fullkornsvetemjöl
- 2 till 4 salladsblad
- Salta och peppra efter smak

Vägbeskrivning:

Skiva ett kycklingbröst i 1-tums remsor och tillaga bara totalt 6-tums remsor. Det skulle vara som två remsor av kyckling. Förvara kvarvarande kyckling för framtida bruk.

Krydda kycklingen med peppar och salt. Mudre i fullkornsmjöl.

På medelhög eld, placera en liten stekpanna med nonstick och värm olja. När oljan är varm, tillsätt kycklingstrimlor och stek tills de är gyllenbruna cirka 5 minuter per sida.

Medan kycklingen tillagas, placera tortilla wraps i ugnen och tillaga i 3 till 5 minuter. Ställ sedan åt sidan och överför i en tallrik.

Skiva gurkan på längden, använd bara ½ av den och förvara resterande gurka. Skala gurkan skuren i fjärdedelar och ta bort kärnan. Placera de två gurkskivorna på tortillawrapen, 1 tum bort från kanten.

Skiva mangon och förvara den andra hälften med frö. Skala mangon utan kärnor, skiva i strimlor och lägg ovanpå gurkan på tortillawrapen.

När kycklingen är tillagad, lägg kycklingen bredvid gurkan i en linje.

Tillsätt gurkblad, ringla över valfri salladsdressing.

Rulla tortillawrapen, servera och njut.

Näring (för 100g):434 Kalorier 10g Fett 65g Kolhydrater 21g Protein 691mg Natrium

Fattoush – Mellanösternbröd

Förberedelsetid: 10 minuter

Tillagningstid: 15 minuter

Portioner: 6

Svårighetsgrad: Svår

Ingredienser:

- 2 limpor pitabröd
- 1 msk Extra Virgin Olivolja
- 1/2 tsk sumak, mer till senare
- Salt och peppar
- 1 hjärta av romsk sallad
- 1 engelsk gurka
- 5 romska tomater
- 5 salladslökar
- 5 rädisor
- 2 dl hackad färsk bladpersilja
- 1 dl hackade färska myntablad
- Ingredienser för dressing:
- 1 1/2 lime, saft av
- 1/3 kopp extra virgin olivolja
- Salt och peppar
- 1 tsk mald sumak
- 1/4 tsk mald kanel
- knappt 1/4 tsk mald kryddpeppar

Vägbeskrivning:

Rosta pitabrödet i brödrost i 5 minuter. Och bryt sedan pitabrödet i bitar.

I en stor panna på medelhög eld, värm 3 msk olivolja i 3 minuter. Tillsätt pitabröd och stek tills de fått färg, cirka 4 minuter medan du rör runt.

Tillsätt salt, peppar och 1/2 tsk sumak. Ställ undan pitabröden från värmen och lägg i hushållspapper för att rinna av.

Kasta väl hackad sallad, gurka, tomater, salladslök, skivad rädisa, myntablad och persilja i en stor salladsskål.

För att göra limevinägretten, vispa ihop alla ingredienser i en liten skål.

Rör ner dressingen i salladen och rör om väl. Blanda i pitabrödet.

Servera och njut.

Näring (för 100g):192 kalorier 13,8 g Fett 16,1 g Kolhydrater 3,9 g Protein 655 mg Natrium

Vitlök & Tomat Glutenfri Focaccia

Förberedelsetid: 5 minuter

Tillagningstid: 20 minuter

Portioner: 8

Svårighetsgrad: Svår

Ingredienser:

- 1 ägg
- ½ tsk citronsaft
- 1 msk honung
- 4 msk olivolja
- En nypa socker
- 1 ¼ kopp varmt vatten
- 1 msk aktiv torrjäst
- 2 tsk rosmarin, hackad
- 2 tsk timjan, hackad
- 2 tsk basilika, hackad
- 2 vitlöksklyftor, hackade
- 1 ¼ tsk havssalt
- 2 tsk xantangummi
- ½ kopp hirsmjöl
- 1 dl potatisstärkelse, inte mjöl
- 1 kopp sorghummjöl
- Glutenfritt majsmjöl för att pudra

Vägbeskrivning:

Slå på ugnen i 5 minuter och stäng sedan av den samtidigt som ugnsluckan är stängd.

Blanda varmt vatten och en nypa socker. Tillsätt jäst och rör runt försiktigt. Låt stå i 7 minuter.

Vispa örter, vitlök, salt, xantangummi, stärkelse och mjöl i en stor skål. När jästen är klar, häll i en skål med mjöl. Vispa i ägg, citronsaft, honung och olivolja.

Blanda noga och lägg i en väl smord fyrkantig form, pudrad med majsmjöl. Toppa med färsk vitlök, mer örter och skivade tomater. Sätt in i den uppvärmda ugnen och låt jäsa i en halvtimme.

Sätt på ugnen till 375oF och efter förvärmning i 20 minuter. Focaccia är klar när topparna är lätt brynt. Ta genast ut ur ugnen och pannan och låt svalna. Serveras bäst när den är varm.

Näring (för 100g):251 kalorier 9 g Fett 38,4 g Kolhydrater 5,4 g Protein 366 mg Natrium

Grillade hamburgare med svamp

Förberedelsetid: 15 minuter

Tillagningstid: 10 minuter

Portioner: 4

Svårighetsgrad: Genomsnittlig

Ingredienser:

- 2 Bibb-sallad, halverad
- 4 skivor rödlök
- 4 skivor tomat
- 4 fullkornsbullar, rostade
- 2 msk olivolja
- ¼ tsk cayennepeppar, valfritt
- 1 vitlöksklyfta, finhackad
- 1 msk socker
- ½ kopp vatten
- 1/3 kopp balsamvinäger
- 4 stora Portobello svampmössor, cirka 5 tum i diameter

Vägbeskrivning:

Ta bort stjälkarna från svampen och rengör med en fuktig trasa. Lägg över i en ugnsform med gälsidan uppåt.

Blanda olivolja, cayennepeppar, vitlök, socker, vatten och vinäger i en skål. Häll över svamp och marinera svamp i ref i minst en timme.

När den ena timmen nästan är slut, förvärm grillen till medelhög eld och smörj grillgallret.

Grilla champinjonerna i fem minuter per sida eller tills de är mjuka. Pensla svampen med marinad så att den inte torkar.

För att montera, lägg en halv brödbulle på en tallrik, toppa med en skiva lök, svamp, tomat och ett salladsblad. Täck med den andra övre halvan av bullen. Upprepa processen med resterande ingredienser, servera och njut.

Näring (för 100g):244 kalorier 9,3 g Fett 32 g Kolhydrater 8,1 g Protein 693 mg Natrium

Medelhavet Baba Ghanoush

Förberedelsetid: 10 minuter

Tillagningstid: 25 minuter

Portioner: 4

Svårighetsgrad: Genomsnittlig

Ingredienser:

- 1 lök vitlök
- 1 röd paprika, halverad och kärnad
- 1 msk hackad färsk basilika
- 1 msk olivolja
- 1 tsk svartpeppar
- 2 auberginer, skivade på längden
- 2 omgångar tunnbröd eller pitabröd
- Saften av 1 citron

Vägbeskrivning:

Pensla grillgallret med matlagningsspray och förvärm grillen till medelhög.

Skiva toppar av vitlök och linda in i folie. Lägg i den kallare delen av grillen och rosta i minst 20 minuter. Lägg paprika och auberginеskivor på den hetaste delen av grillen. Grilla för båda sidor.

När lökarna är färdiga, skala av skalet på den rostade vitlöken och lägg den skalade vitlöken i matberedaren. Tillsätt olivolja, peppar, basilika, citronsaft, grillad röd paprika och grillad aubergine. Puré och häll upp i en skål.

Grilla brödet minst 30 sekunder per sida för att bli varmt. Servera bröd med den mosade dippen och njut.

Näring (för 100g):231,6 Kalorier 4,8g Fett 36,3g Kolhydrater 6,3g Protein 593mg Natrium

Multigrain & glutenfria middagsrullar

Förberedelsetid: 10 minuter

Tillagningstid: 20 minuter

Portioner: 8

Svårighetsgrad: Genomsnittlig

Ingredienser:

- ½ tsk äppelcidervinäger
- 3 msk olivolja
- 2 ägg
- 1 tsk bakpulver
- 1 tsk salt
- 2 tsk xantangummi
- ½ kopp tapiokastärkelse
- ¼ kopp brunt teffmjöl
- ¼ kopp linmjöl
- ¼ kopp amarantmjöl
- ¼ kopp sorghummjöl
- ¾ kopp brunt rismjöl

Vägbeskrivning:

Blanda väl vatten och honung i en liten skål och tillsätt jäst. Låt stå i exakt 10 minuter.

Kombinera följande med en paddelmixer: bakpulver, salt, xantangummi, linmjöl, sorghummjöl, teffmjöl, tapiokastärkelse, amarantmjöl och brunt rismjöl.

I en medelstor skål, vispa väl vinäger, olivolja och ägg.

I en skål med torra ingredienser häll i vinäger- och jästblandningen och blanda väl.

Smörj en 12-muffinsform med matlagningsspray. För över degen jämnt i 12 muffinsformar och låt den jäsa en timme.

Förvärm sedan ugnen till 375oF och grädda middagsrullar tills topparna är gyllenbruna, cirka 20 minuter.

Ta genast ut middagsrullarna från ugnen och muffinsformarna och låt svalna.

Serveras bäst när den är varm.

Näring (för 100g):207 kalorier 8,3 g Fett 27,8 g Kolhydrater 4,6 g Protein 844 mg Natrium

Skaldjur Linguine

Förberedelsetid: 10 minuter

Tillagningstid: 35 minuter

Portioner: 2

Svårighetsgrad: Svår

Ingredienser:

- 2 vitlöksklyftor, hackade
- 4 uns Linguine, fullkornsvete
- 1 msk olivolja
- 14 uns tomater, konserverade och tärnade
- 1/2 matsked schalottenlök, hackad
- 1/4 kopp vitt vin
- Havssalt & svartpeppar efter smak
- 6 Cherrystone musslor, rengjorda
- 4 uns tilapia, skivad i 1 tums remsor
- 4 uns torra havsmusslor
- 1/8 kopp parmesanost, riven
- 1/2 tesked mejram, hackad och färsk

Vägbeskrivning:

Koka upp vattnet i grytan och koka sedan pastan tills den är mjuk, vilket bör ta ungefär åtta minuter. Häll av och skölj sedan din pasta.

Hetta upp oljan i en stor stekpanna på medelhög värme och rör sedan ner vitlök och schalottenlök när oljan är varm. Koka i en minut och rör om ofta.

Öka värmen till medelhög innan du tillsätter salt, vin, peppar och tomater och låt det sjuda. Koka i en minut till.

Lägg sedan till dina musslor, täck över och koka i ytterligare två minuter.

Rör sedan i mejram, pilgrimsmusslor och fisk. Fortsätt tillaga tills fisken är genomstekt och dina musslor har öppnat sig. Detta tar upp till fem minuter och bli av med alla musslor som inte öppnar sig.

Häll såsen och dina musslor över pastan, strö över parmesan och mejram före servering. Servera varm.

Näring (för 100g):329 kalorier 12g fetter 10g kolhydrater 33g protein 836mg natrium

Ginger Räkor & Tomat Relish

Förberedelsetid: 10 minuter

Tillagningstid: 15 minuter

Portioner: 2

Svårighetsgrad: Svår

Ingredienser:

- 1 1/2 msk vegetabilisk olja
- 1 vitlöksklyfta, finhackad
- 10 räkor, extra stora, skalade och svansar kvar
- 3/4 matskedar Finger, rivet & skalat
- 1 gröna tomater, halverade
- 2 plommontomater, halverade
- 1 msk limejuice, färsk
- 1/2 tsk socker
- 1/2 matsked Jalapeno med frön, färska och malda
- 1/2 msk basilika, färsk & hackad
- 1/2 msk koriander, hackad och färsk
- 10 spett
- Havssalt & svartpeppar efter smak

Vägbeskrivning:

Sänk ner dina spett i en kastrull med vatten i minst en halvtimme.

Rör ihop din vitlök och ingefära i en skål, överför hälften till en större skål och rör om den med två matskedar av din olja. Lägg i räkorna och se till att de är väl belagda.

Täck över och ställ in den i kylen i minst en halvtimme och låt den sedan svalna.

Värm grillen till högt och smörj gallren lätt med olja. Ta fram en skål och släng dina plommon och gröna tomater med den återstående matskeden olja, krydda med salt och peppar.

Grilla dina tomater med snittsidan uppåt och skalen ska vara förkolnade. Köttet på din tomat ska vara mört, vilket tar cirka fyra till sex minuter för plommontomaten och cirka tio minuter för den gröna tomaten.

Ta bort skalet när tomaterna är tillräckligt svala för att hantera och kassera sedan fröna. Hacka tomatköttet fint, tillsätt det till den reserverade ingefäran och vitlöken. Tillsätt socker, jalapeno, limejuice och basilika.

Krydda dina räkor med salt och peppar och trä dem på spetten och grilla sedan tills de blir ogenomskinliga, vilket är cirka två minuter på varje sida. Lägg räkorna på ett fat med din smak och njut.

Näring (för 100g):391 kalorier 13g fetter 11g kolhydrater 34g protein 693mg natrium

Räkor & Pasta

Förberedelsetid: 10 minuter

Tillagningstid: 10 minuter

Portioner: 2

Svårighetsgrad: Genomsnittlig

Ingredienser:

- 2 koppar Angel Hair Pasta, kokt
- 1/2 lb. Medium Räkor, skalade
- 1 vitlöksklyfta, finhackad
- 1 kopp tomat, hackad
- 1 tsk olivolja
- 1/6 kopp Kalamata-oliver, urkärnade och hackade
- 1/8 kopp basilika, färsk & tunt skivad
- 1 msk kapris, avrunnen
- 1/8 kopp fetaost, smulad
- Dash svartpeppar

Vägbeskrivning:

Koka din pasta enligt instruktionerna på förpackningen och värm sedan din olivolja i en stekpanna med medelhög värme. Koka din vitlök i en halv minut och tillsätt sedan dina räkor. Fräs ytterligare en minut.

Tillsätt basilika och tomat och sänk sedan värmen så att den får sjuda i tre minuter. Din tomat ska vara mör.

Rör ner dina oliver och kapris. Tillsätt en skvätt svartpeppar och kombinera din räkmix och pasta för att servera. Toppa med ost innan servering varm.

Näring (för 100g):357 kalorier 11g fetter 9g kolhydrater 30g protein 871mg natrium

Pocherad torsk

Förberedelsetid: 10 minuter

Tillagningstid: 25 minuter

Portioner: 2

Svårighetsgrad: Genomsnittlig

Ingredienser:

- 2 torskfiléer, 6 uns
- Havssalt & svartpeppar efter smak
- 1/4 kopp torrt vitt vin
- 1/4 kopp skaldjursfond
- 2 vitlöksklyftor, hackad
- 1 lagerblad
- 1/2 tesked salvia, färsk & hackad
- 2 rosmarinkvistar att garnera

Vägbeskrivning:

Börja med att sätta ugnen på 375 grader och krydda sedan filéerna med salt och peppar. Lägg dem i en ugnsform och tillsätt fond, vitlök, vin, salvia och lagerblad. Täck väl och grädda sedan i tjugo minuter. Din fisk ska vara flagnig när den testas med en gaffel.

Använd en spatel för att ta bort varje filé, placera vätskan på hög värme och koka för att reducera till hälften. Detta bör ta tio minuter, och du måste röra om ofta. Servera droppad i pocheringsvätska och garnerad med en rosmarinkvist.

Näring (för 100g):361 kalorier 10g fetter 9g kolhydrater 34g protein 783mg natrium

Musslor i vitt vin

Förberedelsetid: 5 minuter

Tillagningstid: 10 minuter

Portioner: 2

Svårighetsgrad: Svår

Ingredienser:

- 2 lbs. Levande musslor, färska
- 1 kopp torrt vitt vin
- 1/4 tesked havssalt, fint
- 3 vitlöksklyftor, hackad
- 2 teskedar schalottenlök, tärnad
- 1/4 kopp persilja, färsk & hackad, delad
- 2 msk olivolja
- 1/4 citron, saftad

Vägbeskrivning:

Ta fram ett durkslag och skrubba dina musslor, skölj dem med kallt vatten. Kasta musslor som inte stänger om de knackas och använd sedan en skalkniv för att ta bort skägget från var och en.

Ta ut buljongen, ställ den på medelhög värme och tillsätt vitlök, schalottenlök, vin och persilja. Låt det koka upp. När det har kokat stadigt, lägg i dina musslor och täck över. Låt dem sjuda i fem till sju minuter. Se till att de inte överkokar.

Använd en hålslev för att ta bort dem och tillsätt citronsaft och olivolja i grytan. Rör om ordentligt och häll buljongen över dina musslor innan servering med persilja.

Näring (för 100g):345 kalorier 9g fetter 18g kolhydrater 37g protein 693mg natrium

Dilly Lax

Förberedelsetid: 10 minuter

Tillagningstid: 15 minuter

Portioner: 2

Svårighetsgrad: Genomsnittlig

Ingredienser:

- 2 laxfiléer, 6 uns vardera
- 1 msk olivolja
- 1/2 mandarin, saftad
- 2 tsk apelsinskal
- 2 msk dill, färsk & hackad
- Havssalt & svartpeppar efter smak

Vägbeskrivning:

Förbered ugnen till 375 grader, och ta sedan ut två tio-tums bitar av folie. Gnid ner filéerna med olivolja på båda sidor innan du kryddar med salt och peppar, lägg varje filé i en bit folie.

Ringla din apelsinjuice över var och en och toppa sedan med apelsinskal och dill. Vik ditt paket stängt, se till att det har två tum luftutrymme i folien så att din fisk kan ånga, och lägg dem sedan på en ugnsform.

Grädda i femton minuter innan du öppnar förpackningarna och överför till två serveringsfat. Häll såsen över toppen av varje före servering.

Näring (för 100g):366 kalorier 14g fetter 9g kolhydrater 36g protein 689mg natrium

Slät lax

Förberedelsetid: 8 minuter

Tillagningstid: 8 minuter

Portioner: 2

Svårighetsgrad: Lätt

Ingredienser:

- Lax, 6-ounce filé
- Citron, 2 skivor
- Kapris, 1 matsked
- Havssalt och peppar, 1/8 tesked
- Extra virgin olivolja, 1 matsked

Vägbeskrivning:

Placera en ren stekpanna på medelhög värme för att förbereda i 3 minuter. Lägg olivolja på en tallrik och täck laxen helt. Koka laxen på hög värme i stekpannan.

Toppa laxen med resten av ingredienserna och vänd på varje sida. Lägg märke till när båda sidorna är bruna. Det kan ta 3-5 minuter på varje sida. Se till att laxen är tillagad genom att testa med en gaffel.

Servera med citronskivor.

Näring (för 100g):371 Kalorier 25,1g Fett 0,9g Kolhydrater 33,7g Protein 782mg Natrium

Tonfisk melodi

Förberedelsetid: 20 minuter

Tillagningstid: 20 minuter

Portioner: 2

Svårighetsgrad: Lätt

Ingredienser:

- Tonfisk, 12 uns
- Salladslök, 1 till garnering
- Paprika, ¼, hackad
- Vinäger, 1 streck
- Salta och peppra efter smak
- Avokado, 1, halverad och urkärnad
- Grekisk yoghurt, 2 matskedar

Vägbeskrivning:

Blanda tonfisken med vinäger, lök, yoghurt, avokado och peppar i en skål.

Tillsätt kryddorna, blanda och servera med salladslökens garnering.

Näring (för 100g):294 kalorier 19g Fett 10g Kolhydrater 12g Protein 836mg Natrium

Havsost

Förberedelsetid: 12 minuter

Tillagningstid: 25 minuter

Portioner: 2

Svårighetsgrad: Lätt

Ingredienser:

- Lax, 6-ounce filé
- Torkad basilika, 1 matsked
- Ost, 2 matskedar, riven
- Tomat, 1, skivad
- Extra virgin olivolja, 1 matsked

Vägbeskrivning:

Förbered en bakugn vid 375 F. Lägg aluminiumfolie i lager i en ugnsform och spraya med matolja. Lägg försiktigt över laxen till bakplåten och toppa med resten av ingredienserna.

Låt laxen bryna i 20 minuter. Låt svalna i fem minuter och lägg över till ett serveringsfat. Du kommer att se toppingen i mitten av laxen.

Näring (för 100g):411 kalorier 26,6 g fett 1,6 g kolhydrater 8 g protein 822 mg natrium

Hälsosamma biffar

Förberedelsetid: 10 minuter

Tillagningstid: 20 minuter

Portioner: 2

Svårighetsgrad: Lätt

Ingredienser:

- Olivolja, 1 tsk
- Hälleflundra biff, 8 uns
- Vitlök, ½ tesked, finhackad
- Smör, 1 matsked
- Salta och peppra efter smak

Vägbeskrivning:

Hetta upp en stekpanna och tillsätt oljan. Bryn biffarna på medelhög låga i en panna, smält smöret med vitlöken, salt och peppar. Tillsätt biffarna, rör om och servera.

Näring (för 100g):284 kalorier 17g Fett 0,2g Kolhydrater 8g Protein 755mg Natrium

Örtlax

Förberedelsetid: 8 minuter

Tillagningstid: 18 minuter

Portioner: 2

Svårighetsgrad: Lätt

Ingredienser:

- Lax, 2 filéer utan skinn
- Grovt salt efter smak
- Extra virgin olivolja, 1 matsked
- Citron, 1, skivad
- Färsk rosmarin, 4 kvistar

Vägbeskrivning:

Värm ugnen till 400F. Lägg aluminiumfolie i en ugnsform och lägg laxen ovanpå. Toppa laxen med resten av ingredienserna och grädda i 20 minuter. Servera genast med citronskivor.

Näring (för 100g):257 kalorier 18g Fett 2,7g Kolhydrater 7g Protein 836mg Natrium

Smokey glaserad tonfisk

Förberedelsetid: 35 minuter

Tillagningstid: 10 minuter

Portioner: 2

Svårighetsgrad: Lätt

Ingredienser:

- Tonfisk, 4-ounce biffar
- Apelsinjuice, 1 matsked
- Finhackad vitlök, ½ klyfta
- Citronsaft, ½ tesked
- Färsk persilja, 1 matsked, hackad
- Sojasås, 1 matsked
- Extra virgin olivolja, 1 matsked
- Malen svartpeppar, ¼ tesked
- Oregano, ¼ tesked

Vägbeskrivning:

Välj en blandningsrätt och tillsätt alla ingredienser utom tonfisken. Blanda väl och tillsätt sedan tonfisken i marinaden. Kyl denna blandning i en halvtimme. Hetta upp en grillpanna och stek tonfisken på varje sida i 5 minuter. Servera när den är tillagad.

Näring (för 100g):200 kalorier 7,9 g Fett 0,3 g Kolhydrater 10 g Protein 734 mg Natrium

Crusty hälleflundra

Förberedelsetid: 20 minuter

Tillagningstid: 15 minuter

Portioner: 2

Svårighetsgrad: Lätt

Ingredienser:

- Persilja till toppen
- Färsk dill, 2 matskedar, hackad
- Färsk gräslök, 2 matskedar, hackad
- Olivolja, 1 matsked
- Salta och peppra efter smak
- Hälleflundra, filéer, 6 uns
- Citronskal, ½ tesked, fint rivet
- Grekisk yoghurt, 2 matskedar

Vägbeskrivning:

Värm ugnen till 400F. Klä en bakplåt med folie. Lägg alla ingredienser i en bred form och marinera filéerna. Skölj och torka filéerna; lägg sedan till ugnen och grädda i 15 minuter.

Näring (för 100g):273 Kalorier 7,2g Fett 0,4g Kolhydrater 9g Protein 783mg Natrium

Passa tonfisk

Förberedelsetid: 15 minuter

Tillagningstid: 10 minuter

Portioner: 2

Svårighetsgrad: Lätt

Ingredienser:

- Ägg, ½
- Lök, 1 matsked, finhackad
- Selleri till toppen
- Salta och peppra efter smak
- Vitlök, 1 kryddnejlika, finhackad
- Konserverad tonfisk, 7 uns
- Grekisk yoghurt, 2 matskedar

Vägbeskrivning:

Häll av tonfisken och tillsätt ägget och yoghurten med vitlök, salt och peppar.

I en skål, kombinera denna blandning med lök och forma till biffar. Ta en stor stekpanna och bryn biffarna i 3 minuter per sida. Låt rinna av och servera.

Näring (för 100g):230 kalorier 13 g fett 0,8 g kolhydrater 10 g protein 866 mg natrium

Varma och färska fiskbiffar

Förberedelsetid: 14 minuter

Tillagningstid: 14 minuter

Portioner: 2

Svårighetsgrad: Lätt

Ingredienser:

- Vitlök, 1 kryddnejlika, finhackad
- Citronsaft, 1 matsked
- Farinsocker, 1 matsked
- Hälleflundra biff, 1 pund
- Salta och peppra efter smak
- Sojasås, ¼ tesked
- Smör, 1 tesked
- Grekisk yoghurt, 2 matskedar

Vägbeskrivning:

Förvärm grillen på medelhög låga. Blanda smör, socker, yoghurt, citronsaft, soja och kryddor i en skål. Värm blandningen i en panna. Använd denna blandning för att pensla på steken medan du tillagar på grillen. Servera varm.

Näring (för 100g):412 kalorier 19,4 g fett 7,6 g kolhydrater 11 g protein 788 mg natrium

Musslor O' Marine

Förberedelsetid: 20 minuter

Tillagningstid: 10 minuter

Portioner: 2

Svårighetsgrad: Lätt

Ingredienser:

- Musslor, skrubbade och skäggiga, 1 pund
- Kokosmjölk, ½ kopp
- Cayennepeppar, 1 tsk
- Färsk citronsaft, 1 matsked
- Vitlök, 1 tsk, finhackad
- Koriander, nyhackad till topping
- Farinsocker, 1 tesked

Vägbeskrivning:

Blanda alla ingredienser, utom musslorna i en kastrull. Värm upp blandningen och låt den koka upp. Tillsätt musslorna och koka i 10 minuter. Servera i ett fat med den kokta vätskan.

Näring (för 100g):483 Kalorier 24,4g Fett 21,6g Kolhydrater 1,2g Protein 499mg Natrium

Slow Cooker Medelhavsnötstek

Förberedelsetid: 10 minuter

Tillagningstid: 10 timmar och 10 minuter

Portioner: 6

Svårighetsgrad: Genomsnittlig

Ingredienser:

- 3 pund Chuck stek, benfri
- 2 tsk rosmarin
- ½ dl tomater, soltorkade och hackade
- 10 klyftor riven vitlök
- ½ dl nötbuljong
- 2 msk balsamvinäger
- ¼ kopp hackad italiensk persilja, färsk
- ¼ kopp hackade oliver
- 1 tsk citronskal
- ¼ kopp ostgryn

Vägbeskrivning:

Lägg vitlök, soltorkade tomater och nötstek i långsamkokaren. Tillsätt köttbuljong och rosmarin. Stäng spisen och koka långsamt i 10 timmar.

När tillagningen är över, ta bort nötköttet och strimla mössen. Kasta bort fettet. Lägg tillbaka det strimlade köttet i långsamkokaren och låt sjuda i 10 minuter. Blanda citronskal, persilja och oliver i en liten skål. Kyl blandningen tills du ska servera. Garnera med den kylda mixen.

Servera den över pasta eller äggnudlar. Toppa den med ostgryn.

Näring (för 100g):314 kalorier 19g Fett 1g Kolhydrat 32g Protein 778mg Natrium

Slow Cooker medelhavsnötkött med kronärtskockor

Förberedelsetid: 3 timmar och 20 minuter

Tillagningstid: 7 timmar och 8 minuter

Portioner: 6

Svårighetsgrad: Lätt

Ingredienser:

- 2 pund nötkött till gryta
- 14 uns kronärtskocka hjärtan
- 1 msk druvkärneolja
- 1 hackad lök
- 32 uns nötköttsbuljong
- 4 vitlöksklyftor, riven
- 14½ uns Konserverade tomater, tärnade
- 15 uns tomatsås
- 1 tsk torkad oregano
- ½ kopp urkärnade, hackade oliver
- 1 tsk torkad persilja
- 1 tsk torkad oregano
- ½ tsk Malen spiskummin
- 1 tsk torkad basilika
- 1 lagerblad
- ½ tsk salt

Vägbeskrivning:

Häll lite olja i en stor stekpanna och låt det komma till medelhög värme. Rosta nötköttet tills det blir brunt på båda sidor. Överför nötköttet till en långsam kokare.

Tillsätt nötbuljong, tärnade tomater, tomatsås, salt och blanda. Häll i nötbuljong, tärnade tomater, oregano, oliver, basilika, persilja, lagerblad och spiskummin. Blanda blandningen noggrant.

Stäng och koka på låg värme i 7 timmar. Kasta lagerbladet vid serveringen. Servera varm.

Näring (för 100g):416 kalorier 5 g fett 14,1 g kolhydrater 29,9 g protein 811 mg natrium

Skinny Slow Cooker Medelhavsstil grytstek

Förberedelsetid: 30 minuter

Tillagningstid: 8 timmar

Portioner: 10

Svårighetsgrad: Svår

Ingredienser:

- 4 pounds Eye of rund stek
- 4 vitlöksklyftor
- 2 tsk olivolja
- 1 tsk Nymalen svartpeppar
- 1 kopp hackad lök
- 4 morötter, hackade
- 2 tsk torkad rosmarin
- 2 hackade selleristjälkar
- 28 uns krossade tomater i burken
- 1 kopp Nötköttsbuljong med låg natriumhalt
- 1 dl rött vin
- 2 tsk salt

Vägbeskrivning:

Krydda biffsteken med salt, vitlök och peppar och ställ åt sidan. Häll olja i en non-stick stekpanna och låt det komma till medelhög värme. Lägg nötköttet i det och stek tills det blir brunt på alla sidor. Överför nu det rostade nötköttet till en 6-quart långkokare. Tillsätt morötter, lök, rosmarin och selleri i stekpannan. Fortsätt koka tills löken och grönsaken blivit mjuka.

Rör ner tomater och vin i denna grönsaksblandning. Tillsätt nötbuljong och tomatblandning i långsamkokaren tillsammans med grönsaksblandningen. Stäng och koka på låg i 8 timmar.

När köttet är tillagat, ta bort det från den långsamma kokaren och lägg det på en skärbräda och linda in med aluminiumfolie. För att tjockna såsen, överför den sedan till en kastrull och koka den på låg värme tills den når önskad konsistens. Kassera fett före servering.

Näring (för 100g):260 kalorier 6 g Fett 8,7 g Kolhydrater 37,6 g Protein 588 mg Natrium

Slow Cooker Köttfärslimpa

Förberedelsetid: 10 minuter

Tillagningstid: 6 timmar och 10 minuter

Portioner: 8

Svårighetsgrad: Genomsnittlig

Ingredienser:

- 2 pund mald bison
- 1 riven zucchini
- 2 stora ägg
- Olivolja matlagningsspray efter behov
- 1 Zucchini, strimlad
- ½ kopp persilja, färsk, finhackad
- ½ kopp parmesanost, strimlad
- 3 msk balsamvinäger
- 4 vitlöksklyftor, rivna
- 2 msk finhackad lök
- 1 msk torkad oregano
- ½ tsk Malen svartpeppar
- ½ tsk Kosher salt
- Till toppingen:
- ¼ kopp strimlad mozzarellaost
- ¼ kopp ketchup utan socker
- ¼ kopp färsk hackad persilja

Vägbeskrivning:

Stripe linje insidan av en sex-quart långkokare med aluminiumfolie. Spraya non-stick matolja över den.

I en stor skål kombinera mald bison eller extra mager mald ryggbiff, zucchini, ägg, persilja, balsamvinäger, vitlök, torkad oregano, havs- eller koshersalt, finhackad torr lök och mald svartpeppar.

Placera denna blandning i den långsamma kokaren och forma en avlång formad bröd. Täck över spisen, sätt på låg värme och koka i 6 timmar. Efter tillagning öppnar du spisen och breder ut ketchup över hela köttfärslimpan.

Lägg nu osten ovanför ketchupen som ett nytt lager och stäng långsamkokaren. Låt köttfärslimpan sitta på dessa två lager i cirka 10 minuter eller tills osten börjar smälta. Garnera med färsk persilja och strimlad mozzarellaost.

Näring (för 100g):320 kalorier 2g fett 4g kolhydrater 26g protein 681mg natrium

Slow Cooker Medelhavsnötkött Hoagies

Förberedelsetid: 10 minuter

Tillagningstid: 13 timmar

Portioner: 6

Svårighetsgrad: Genomsnittlig

Ingredienser:

- 3 pund nötkött rund stek fettfri
- ½ tesked Lökpulver
- ½ tsk svartpeppar
- 3 koppar Nötköttsbuljong med låg natriumhalt
- 4 tsk salladsdressing mix
- 1 lagerblad
- 1 msk vitlök, finhackad
- 2 röda paprikor, tunna strimlor skurna
- 16 uns Pepperoncino
- 8 skivor Sargento Provolone, tunna
- 2 uns glutenfritt bröd
- ½ tsk salt
- För smaksättning:
- 1½ msk Lökpulver
- 1½ msk vitlökspulver
- 2 msk torkad persilja
- 1 msk stevia
- ½ tsk torkad timjan

- 1 msk torkad oregano
- 2 msk svartpeppar
- 1 matsked Salt
- 6 ostskivor

Vägbeskrivning:

Torka steken med hushållspapper. Kombinera svartpeppar, lökpulver och salt i en liten skål och gnid blandningen över steken. Placera den kryddade steken i en långsam spis.

Tillsätt buljong, salladsdressingmix, lagerblad och vitlök i långsamkokaren. Kombinera det försiktigt. Stäng och ställ in på låg kokning i 12 timmar. Efter tillagning, ta bort lagerbladet.

Ta ut det kokta nötköttet och strimla nötköttet. Lägg tillbaka det strimlade nötköttet och tillsätt paprika och. Tillsätt paprika och pepperoncino i långsamkokaren. Täck kokaren och låt koka i 1 timme. Innan servering, toppa varje bröd med 3 uns av köttblandningen. Toppa den med en ostskiva. Den flytande såsen kan användas som dipp.

Näring (för 100g):442 Kalorier 11,5g Fett 37g Kolhydrater 49g Protein 735mg Natrium

Medelhavsfläskstek

Förberedelsetid: 10 minuter

Tillagningstid: 8 timmar och 10 minuter

Portioner: 6

Svårighetsgrad: Genomsnittlig

Ingredienser:

- 2 msk olivolja
- 2 pund fläskstek
- ½ tsk paprika
- ¾ kopp kycklingbuljong
- 2 tsk torkad salvia
- ½ msk finhackad vitlök
- ¼ tesked torkad mejram
- ¼ tesked torkad rosmarin
- 1 tsk oregano
- ¼ tesked torkad timjan
- 1 tsk basilika
- ¼ tesked Kosher salt

Vägbeskrivning:

Blanda buljong, olja, salt och kryddor i en liten skål. Häll olivolja i en stekpanna och låt det komma till medelhög värme. Lägg i fläsket och stek tills alla sidor blir bruna.

Ta ut fläsket efter tillagning och peta över steken med en kniv. Placera den stekta fläsksteken i en 6-liters kruka. Häll nu vätskan från den lilla skålen över hela steken.

Förslut krukan och koka på låg i 8 timmar. Efter tillagning, ta bort den från lerkrukan på en skärbräda och strimla i bitar. Lägg sedan tillbaka det strimlade fläsket i crockpoten. Sjud det ytterligare 10 minuter. Servera tillsammans med fetaost, pitabröd och tomater.

Näring (för 100g):361 kalorier 10,4g Fett 0,7g Kolhydrater 43,8g Protein 980mg Natrium

Biff pizza

Förberedelsetid: 20 minuter

Tillagningstid: 50 minuter

Portioner: 10

Svårighetsgrad: Svår

Ingredienser:

- För skorpa:
- 3 koppar universalmjöl
- 1 matsked socker
- 2¼ teskedar aktiv torrjäst
- 1 tsk salt
- 2 matskedar olivolja
- 1 kopp varmt vatten
- För topping:
- 1-pund köttfärs
- 1 medelstor lök, hackad
- 2 msk tomatpuré
- 1 msk mald spiskummin
- Salta och mald svartpeppar efter behov
- ¼ kopp vatten
- 1 dl färsk spenat, hackad
- 8 uns kronärtskockshjärtan, i fjärdedelar
- 4 uns färska svampar, skivade

- 2 tomater, hackade
- 4 uns fetaost, smulad

Vägbeskrivning:

För skorpa:

Blanda mjöl, socker, jäst och salt med en stavmixer med degkroken. Tillsätt 2 matskedar av oljan och varmt vatten och knåda tills en smidig och elastisk deg bildas.

Gör en boll av degen och ställ åt sidan i ca 15 minuter.

Lägg degen på en lätt mjölad yta och rulla till en cirkel. Lägg degen i en lätt, smord rund pizzapanna och tryck försiktigt till så att den passar. Ställ åt sidan i ca 10-15 minuter. Belägg skorpan med lite olja. Värm ugnen till 400 grader F.

För topping:

Stek nötkött i en nonstick-panna på medelhög värme i cirka 4-5 minuter. Blanda i löken och koka i ca 5 minuter, rör om ofta. Tillsätt tomatpuré, spiskummin, salt, svartpeppar och vatten och rör om.

Sätt värmen på medel och koka i ca 5-10 minuter. Ta av från värmen och ställ åt sidan. Lägg nötköttsblandningen över pizzaskalet och toppa med spenaten, följt av kronärtskockor, svamp, tomater och fetaost.

Grädda tills osten smält. Ta ut ur ugnen och ställ åt sidan i ca 3-5 minuter innan du skär upp. Skär i önskad storlek och servera.

Näring (för 100g):309 kalorier 8,7g Fett 3,7g Kolhydrater 3,3g Protein 732mg Natrium

Nötkött & Bulgur köttbullar

Förberedelsetid: 20 minuter

Tillagningstid: 28 minuter

Portioner: 6

Svårighetsgrad: Genomsnittlig

Ingredienser:

- ¾ kopp okokt bulgur
- 1-pund köttfärs
- ¼ kopp schalottenlök, hackad
- ¼ kopp färsk persilja, finhackad
- ½ tsk mald kryddpeppar
- ½ tsk malen spiskummin
- ½ tsk mald kanel
- ¼ tesked röd paprikaflingor, krossade
- Salt efter behov
- 1 msk olivolja

Vägbeskrivning:

Blötlägg bulguren i en stor skål med kallt vatten i cirka 30 minuter. Häll av bulguren väl och krama sedan med händerna för att ta bort överflödigt vatten. I en matberedare, tillsätt bulgur, nötkött, schalottenlök, persilja, kryddor, salt och puls tills en slät blandning bildas.

Placera blandningen i en skål och kyl, täckt i cirka 30 minuter. Ta ut ur kylen och gör lika stora bollar av köttblandningen. Värm oljan på medelhög värme i en stor stekpanna och koka köttbullarna i 2 omgångar i cirka 13-14 minuter, vänd ofta. Servera varm.

Näring (för 100g):228 kalorier 7,4g Fett 0,1g Kolhydrater 3,5g Protein 766mg Natrium

Välsmakande nötkött och broccoli

Förberedelsetid: 10 minuter

Tillagningstid: 15 minuter

Portioner: 4

Svårighetsgrad: Lätt

Ingredienser:

- 1 och ½ lbs. flankstek
- 1 msk. olivolja
- 1 msk. tamari sås
- 1 dl nötbuljong
- 1-pund broccoli, buketter separerade

Vägbeskrivning:

Kombinera biffstrips med olja och tamari, rör om och ställ åt sidan i 10 minuter. Välj din snabbgryta i sautéläge, lägg nötköttsremsor och bryn dem i 4 minuter på varje sida. Rör i fond, täck grytan igen och koka på hög i 8 minuter. Rör ner broccolin, täck över och koka på hög nivå i 4 minuter till. Portionera allt mellan tallrikarna och servera. Njut av!

Näring (för 100g):312 kalorier 5 g fett 20 g kolhydrater 4 g protein 694 mg natrium

Biff Majs Chili

Förberedelsetid: 8-10 minuter

Tillagningstid: 30 minuter

Portioner: 8

Svårighetsgrad: Genomsnittlig

Ingredienser:

- 2 små lökar, hackade (fint)
- ¼ kopp konserverad majs
- 1 matsked olja
- 10 uns magert nötfärs
- 2 små chilipeppar, tärnade

Vägbeskrivning:

Slå på snabbgrytan. Klicka på "SAUTE". Häll oljan och rör sedan ner lök, chilipeppar och nötkött; koka tills den blir genomskinlig och mjuk. Häll de 3 kopparna vatten i kokkärlet; blanda väl.

Förslut locket. Välj "MEAT/STEW". Ställ in timern till 20 minuter. Låt koka tills timern går till noll.

Klicka på "AVBRYT" och sedan på "NPR" för naturligt släpptryck i cirka 8-10 minuter. Öppna och lägg sedan fatet i serveringsfat. Tjäna.

Näring (för 100g):94 kalorier 5g Fett 2g Kolhydrater 7g Protein 477mg Natrium

Balsamic nötköttsrätt

Förberedelsetid: 5 minuter

Tillagningstid: 55 minuter

Portioner: 8

Svårighetsgrad: Genomsnittlig

Ingredienser:

- 3 pund chuckstek
- 3 vitlöksklyftor, tunt skivade
- 1 matsked olja
- 1 tsk smaksatt vinäger
- ½ tsk peppar
- ½ tsk rosmarin
- 1 msk smör
- ½ tsk timjan
- ¼ kopp balsamvinäger
- 1 dl nötbuljong

Vägbeskrivning:

Skiva klyftorna i steken och lägg i vitlökskivor överallt. Kombinera smaksatt vinäger, rosmarin, peppar, timjan och gnid blandningen över steken. Välj grytan på sautéläge och blanda i olja, låt oljan värmas upp. Stek steken på båda sidor.

Ta ut den och ställ åt sidan. Rör ner smör, buljong, balsamvinäger och avglasera grytan. Lägg tillbaka steken och stäng locket och tillaga sedan på HÖGT tryck i 40 minuter.

Utför en snabb release. Tjäna!

Näring (för 100g):393 Kalorier 15g Fett 25g Kolhydrater 37g Protein 870mg Natrium

Sojasås Biffstek

Förberedelsetid: 8 minuter

Tillagningstid: 35 minuter

Portioner: 2-3

Svårighetsgrad: Genomsnittlig

Ingredienser:

- ½ tsk nötbuljong
- 1 ½ tsk rosmarin
- ½ tesked finhackad vitlök
- 2 pund rostbiff
- 1/3 kopp sojasås

Vägbeskrivning:

Kombinera sojasås, buljong, rosmarin och vitlök i en bunke.

Slå på din instant pott. Placera steken och häll tillräckligt med vatten för att täcka steken; rör försiktigt för att blanda väl. Förslut den tätt.

Klicka på "MEAT/STEW" Tillagningsfunktion; ställ in trycknivån på "HÖG" och ställ in tillagningstiden på 35 minuter. Låt trycket bygga för att laga ingredienserna. När du är klar, klicka på "AVBRYT" inställningen och klicka sedan på "NPR" Tillagningsfunktion för att släppa trycket naturligt.

Öppna gradvis locket och strimla köttet. Blanda tillbaka det strimlade köttet i krukblandningen och rör om väl. Överför i serveringsbehållare. Servera varm.

Näring (för 100g):423 Kalorier 14g Fett 12g Kolhydrater 21g Protein 884mg Natrium

Rosmarinbiff Chuckstek

Förberedelsetid: 5 minuter

Tillagningstid: 45 minuter

Portioner: 5-6

Svårighetsgrad: Genomsnittlig

Ingredienser:

- 3 pund chuckbiffstek
- 3 vitlöksklyftor
- ¼ kopp balsamvinäger
- 1 kvist färsk rosmarin
- 1 kvist färsk timjan
- 1 kopp vatten
- 1 matsked vegetabilisk olja
- Salta och peppra efter smak

Vägbeskrivning:

Hacka skivor i nötsteken och lägg ner vitlöksklyftorna i dem. Gnid in steken med örter, svartpeppar och salt. Förvärm din snabbgryta med sauté-inställningen och häll på oljan. När den är uppvärmd, blanda i nötsteken och rör om tills den fått färg på alla sidor. Tillsätt de återstående ingredienserna; rör om försiktigt.

Förslut tätt och koka på hög i 40 minuter med manuell inställning. Tillåt tryckavlastningen naturligt, cirka 10 minuter. Avtäck och lägg nötstek serveringsplattorna, skiva och servera.

Näring (för 100g):542 Kalorier 11,2g Fett 8,7g Kolhydrater 55,2g Protein 710mg Natrium

Fläskkotletter och tomatsås

Förberedelsetid: 10 minuter

Tillagningstid: 20 minuter

Portioner: 4

Svårighetsgrad: Lätt

Ingredienser:

- 4 fläskkotletter, benfria
- 1 msk sojasås
- ¼ tesked sesamolja
- 1 och ½ dl tomatpuré
- 1 gul lök
- 8 champinjoner, skivade

Vägbeskrivning:

Blanda fläskkotletter med sojasås och sesamolja i en skål, rör om och låt stå åt sidan i 10 minuter. Ställ in din snabbgryta på sautéläge, tillsätt fläskkotletter och bryn dem i 5 minuter på varje sida. Rör ner löken och koka i ytterligare 1-2 minuter. Tillsätt tomatpuré och champinjoner, rör om, täck över och koka på hög temperatur i 8-9 minuter. Dela allt mellan tallrikarna och servera. Njut av!

Näring (för 100g):300 kalorier 7 g fett 18 g kolhydrater 4 g protein 801 mg natrium

Kyckling med kaprissås

Förberedelsetid: 10 minuter

Tillagningstid: 18 minuter

Portioner: 5

Svårighetsgrad: Svår

Ingredienser:

- För kyckling:
- 2 ägg
- Salta och mald svartpeppar efter behov
- 1 kopp torrt ströbröd
- 2 matskedar olivolja
- 1½ pund skinnfria, benfria kycklingbrösthalvor, skurna till ¾tums tjocka och skurna i bitar
- Till kaprissås:
- 3 matskedar kapris
- ½ dl torrt vitt vin
- 3 matskedar färsk citronsaft
- Salta och mald svartpeppar efter behov
- 2 msk färsk persilja, hackad

Vägbeskrivning:

För kyckling: i en grund form, tillsätt ägg, salt och svartpeppar och vispa tills det är väl blandat. Lägg ströbröd i en annan grund form. Blötlägg kycklingbitarna i äggblandningen och täck sedan med ströbrödet jämnt. Skaka av överflödigt ströbröd.

Koka oljan på medelvärme och koka kycklingbitarna i ca 5-7 minuter per sida eller tills önskad form. Med en hålslev placerar du kycklingbitarna på en tallrik med hushållspapper. Täck kycklingbitarna med en bit av folien för att hålla dem varma.

I samma stekpanna, blanda in alla ingredienserna till såsen utom persilja och koka i cirka 2-3 minuter under konstant omrörning. Blanda i persiljan och ta av från värmen. Servera kycklingbitarna med topping av kaprissås.

Näring (för 100g):352 kalorier 13,5 g Fett 1,9 g Kolhydrater 1,2 g Protein 741 mg Natrium

Turkietburgare med mangosalsa

Förberedelsetid: 15 minuter

Tillagningstid: 10 minuter

Portioner: 6

Svårighetsgrad: Lätt

Ingredienser:

- 1½ pund malet kalkonbröst
- 1 tsk havssalt, uppdelat
- ¼ tesked nymalen svartpeppar
- 2 matskedar extra virgin olivolja
- 2 mango, skalade, urkärnade och tärningar
- ½ rödlök, finhackad
- Saft av 1 lime
- 1 vitlöksklyfta, finhackad
- ½ jalapeñopeppar, kärnad och finhackad
- 2 msk hackade färska korianderblad

Vägbeskrivning:

Forma kalkonbröstet till 4 biffar och krydda med ½ tesked havssalt och peppar. Koka olivoljan i en nonstick-panna tills den skimrar. Tillsätt kalkonbiffarna och koka i cirka 5 minuter per sida tills de fått färg. Medan biffarna kokar, blanda mango, rödlök, limejuice, vitlök, jalapeño, koriander och återstående ½ tesked havssalt i en liten skål. Häll salsan över kalkonbiffarna och servera.

Näring (för 100g):384 Kalorier 3g Fett 27g Kolhydrater 34g Protein 692mg Natrium

Örtstekt kalkonbröst

Förberedelsetid: 15 minuter

Tillagningstid: 1½ timme (plus 20 minuter till vila)

Portioner: 6

Svårighetsgrad: Genomsnittlig

Ingredienser:

- 2 matskedar extra virgin olivolja
- 4 vitlöksklyftor, hackade
- Skal av 1 citron
- 1 msk hackade färska timjanblad
- 1 msk hackade färska rosmarinblad
- 2 msk hackad färsk italiensk persiljablad
- 1 tsk mald senap
- 1 tsk havssalt
- ¼ tesked nymalen svartpeppar
- 1 (6 pund) kalkonbröst med ben och skinn
- 1 dl torrt vitt vin

Vägbeskrivning:

Värm ugnen till 325°F. Blanda olivolja, vitlök, citronskal, timjan, rosmarin, persilja, senap, havssalt och peppar. Borsta örtblandningen jämnt över kalkonbröstets yta och lossa skinnet och gnugga även under. Placera kalkonbröstet i en långpanna på ett galler, med skinnsidan uppåt.

Häll vinet i pannan. Rosta i 1 till 1½ timme tills kalkonen når en innertemperatur på 165 grader F. Ta ut ur ugnen och ställ in separat i 20 minuter, täckt med aluminiumfolie för att hålla den varm, innan du skär den.

Näring (för 100g):392 Kalorier 1g Fett 2g Kolhydrater 84g Protein 741mg Natrium

Kycklingkorv och paprika

Förberedelsetid: 10 minuter

Tillagningstid: 20 minuter

Portioner: 6

Svårighetsgrad: Genomsnittlig

Ingredienser:

- 2 matskedar extra virgin olivolja
- 6 italienska kycklingkorvslänkar
- 1 lök
- 1 röd paprika
- 1 grön paprika
- 3 vitlöksklyftor, hackade
- ½ dl torrt vitt vin
- ½ tsk havssalt
- ¼ tesked nymalen svartpeppar
- Nyp röda paprikaflingor

Vägbeskrivning:

Koka olivoljan i en stor stekpanna tills den skimrar. Tillsätt korvarna och koka i 5 till 7 minuter, vänd då och då, tills de fått färg och de når en innertemperatur på 165 °F. Ta bort korven från pannan med en tång och ställ åt sidan på ett fat, täckt med aluminiumfolie för att hålla sig varm.

Sätt tillbaka stekpannan till värmen och blanda i löken, röd paprika och grön paprika. Koka och rör om då och då, tills grönsakerna börjar få färg. Lägg i vitlöken och koka i 30 sekunder under konstant omrörning.

Rör ner vin, havssalt, peppar och rödpepparflingor. Dra ut och vik in eventuella brynta bitar från botten av pannan. Sjud i ca 4 minuter till under omrörning tills vätskan minskar till hälften. Häll paprikan över korvarna och servera.

Näring (för 100g):173 kalorier 1g Fett 6g Kolhydrater 22g Protein 582mg Natrium

Kyckling Piccata

Förberedelsetid: 10 minuter

Tillagningstid: 15 minuter

Portioner: 6

Svårighetsgrad: Genomsnittlig

Ingredienser:

- ½ kopp fullkornsmjöl
- ½ tsk havssalt
- 1/8 tsk nymalen svartpeppar
- 1½ pund kycklingbröst, skurna i 6 bitar
- 3 matskedar extra virgin olivolja
- 1 dl osaltad kycklingbuljong
- ½ dl torrt vitt vin
- Saften av 1 citron
- Skal av 1 citron
- ¼ kopp kapris, avrunnen och sköljd
- ¼ kopp hackad färsk bladpersilja

Vägbeskrivning:

I en grund form, vispa mjöl, havssalt och peppar. Skura kycklingen i mjölet och knacka bort eventuellt överskott. Koka olivoljan tills den skimrar.

Lägg i kycklingen och stek i ca 4 minuter per sida tills den fått färg. Dra ut kycklingen från pannan och ställ åt sidan, täckt med aluminiumfolie för att hålla sig varm.

Sätt tillbaka stekpannan till värmen och rör ner buljong, vin, citronsaft, citronskal och kapris. Använd sidan av en sked och vik in eventuella brynta bitar från pannans botten. Sjud tills vätskan tjocknar. Ta ut kastrullen från värmen och ta tillbaka kycklingen till pannan. Vänd till pälsen. Rör ner persiljan och servera.

Näring (för 100g):153 kalorier 2g Fett 9g Kolhydrater 8g Protein 692mg Natrium

Enpans toskansk kyckling

Förberedelsetid: 10 minuter

Tillagningstid: 25 minuter

Portioner: 6

Svårighetsgrad: Svår

Ingredienser:

- ¼ kopp extra virgin olivolja, delad
- 1 pund benfria, skinnfria kycklingbröst, skurna i ¾-tums bitar
- 1 lök, hackad
- 1 röd paprika, hackad
- 3 vitlöksklyftor, hackade
- ½ dl torrt vitt vin
- 1 (14-ounce) burk krossade tomater, odränerade
- 1 (14-ounce) burk hackade tomater, avrunna
- 1 (14-ounce) burk vita bönor, avrunna
- 1 msk torkad italiensk krydda
- ½ tsk havssalt
- 1/8 tsk nymalen svartpeppar
- 1/8 tsk röd paprikaflingor
- ¼ kopp hackade färska basilikablad

Vägbeskrivning:

Koka 2 matskedar olivolja tills det skimrar. Blanda i kycklingen och stek tills den fått färg. Ta ut kycklingen från stekpannan och lägg åt sidan på ett fat, täckt med aluminiumfolie för att hålla sig varm.

Sätt tillbaka stekpannan till värmen och värm upp den återstående olivoljan. Tillsätt löken och röd paprika. Koka och rör om sällan, tills grönsakerna är mjuka. Lägg i vitlöken och koka i 30 sekunder under konstant omrörning.

Rör ner vinet och använd sidan av skeden för att ta bort eventuella brynta bitar från botten av pannan. Koka i 1 minut, rör om.

Blanda i de krossade och hackade tomaterna, vita bönorna, italiensk krydda, havssalt, peppar och rödpepparflingor. Låt puttra. Koka i 5 minuter, rör om då och då.

Lägg tillbaka kycklingen och eventuell saft som har samlats i stekpannan. Koka tills kycklingen är genomstekt. Ta av från värmen och rör ner basilikan innan servering.

Näring (för 100g):271 Kalorier 8g Fett 29g Kolhydrater 14g Protein 596mg Natrium

Kyckling Kapama

Förberedelsetid: 10 minuter

Tillagningstid: 2 timmar

Portioner: 4

Svårighetsgrad: Genomsnittlig

Ingredienser:

- 1 (32-ounce) burk hackade tomater, avrunna
- ¼ kopp torrt vitt vin
- 2 msk tomatpuré
- 3 matskedar extra virgin olivolja
- ¼ tesked röd paprikaflingor
- 1 tsk mald kryddpeppar
- ½ tsk torkad oregano
- 2 hela kryddnejlika
- 1 kanelstång
- ½ tsk havssalt
- 1/8 tsk nymalen svartpeppar
- 4 benfria, skinnfria kycklingbrösthalvor

Vägbeskrivning:

Blanda tomater, vin, tomatpuré, olivolja, rödpepparflingor, kryddpeppar, oregano, kryddnejlika, kanelstång, havssalt och peppar i en stor gryta. Låt koka upp, rör om då och då. Låt puttra i 30 minuter, rör om då och då. Ta bort och släng hela kryddnejlika och kanelstång från såsen och låt såsen svalna.

Värm ugnen till 350°F. Placera kycklingen i en 9 x 13-tums bakform. Häll såsen över kycklingen och täck pannan med aluminiumfolie. Fortsätt grädda tills den når 165°F innertemperatur.

Näring (för 100g):220 kalorier 3g fett 11g kolhydrater 8g protein 923mg natrium

Spenat och fetaostfyllda kycklingbröst

Förberedelsetid: 10 minuter

Tillagningstid: 45 minuter

Portioner: 4

Svårighetsgrad: Genomsnittlig

Ingredienser:

- 2 matskedar extra virgin olivolja
- 1 pund färsk babyspenat
- 3 vitlöksklyftor, hackade
- Skal av 1 citron
- ½ tsk havssalt
- 1/8 tsk nymalen svartpeppar
- ½ kopp smulad fetaost
- 4 benfria, skinnfria kycklingbröst

Vägbeskrivning:

Värm ugnen till 350°F. Koka olivoljan på medelvärme tills den skimrar. Tillsätt spenaten. Fortsätt koka och rör om tills det vissnat.

Rör ner vitlök, citronskal, havssalt och peppar. Koka i 30 sekunder, rör hela tiden. Kyl något och blanda i osten.

Bred ut spenat- och ostblandningen i ett jämnt lager över kycklingbitarna och rulla bröstet runt fyllningen. Håll stängd med tandpetare eller slaktgarn. Lägg brösten i en 9 x 13-tums ugnsform och grädda i 30 till 40 minuter, eller tills kycklingen har en innertemperatur på 165 °F. Ta ut ur ugnen och ställ åt sidan i 5 minuter innan du skivar och serverar.

Näring (för 100g):263 Kalorier 3g Fett 7g Kolhydrater 17g Protein 639mg Natrium

Rosmarinbakade kycklingklubbor

Förberedelsetid: 5 minuter

Tillagningstid: 1 timme

Portioner: 6

Svårighetsgrad: Lätt

Ingredienser:

- 2 msk hackade färska rosmarinblad
- 1 tsk vitlökspulver
- ½ tsk havssalt
- 1/8 tsk nymalen svartpeppar
- Skal av 1 citron
- 12 kycklingklubbor

Vägbeskrivning:

Värm ugnen till 350°F. Blanda rosmarin, vitlökspulver, havssalt, peppar och citronskal.

Placera trumpinnar i en 9 x 13-tums ugnsform och strö över rosmarinblandningen. Grädda tills kycklingen når en innertemperatur på 165°F.

Näring (för 100g):163 kalorier 1g Fett 2g Kolhydrater 26g Protein 633mg Natrium

Kyckling med lök, potatis, fikon och morötter

Förberedelsetid: 5 minuter

Tillagningstid: 45 minuter

Portioner: 4

Svårighetsgrad: Genomsnittlig

Ingredienser:

- 2 dl fingerling potatis, halverad
- 4 färska fikon, i fjärdedelar
- 2 morötter, finhackade
- 2 matskedar extra virgin olivolja
- 1 tsk havssalt, uppdelat
- ¼ tesked nymalen svartpeppar
- 4 kycklingben-lårfjärdedelar
- 2 msk hackad färsk bladpersilja

Vägbeskrivning:

Värm ugnen till 425°F. I en liten skål, släng potatis, fikon och morötter med olivoljan, ½ tesked havssalt och peppar. Bred ut i en 9 x 13-tums bakform.

Krydda kycklingen med resten av havssaltet. Lägg den ovanpå grönsakerna. Grädda tills grönsakerna är mjuka och kycklingen når en innertemperatur på 165°F. Strö över persiljan och servera.

Näring (för 100g):429 Kalorier 4g Fett 27g Kolhydrater 52g Protein 581mg Natrium

Kycklinggyros med Tzatziki

Förberedelsetid: 15 minuter

Tillagningstid: 1 timme och 20 minuter

Portioner: 6

Svårighetsgrad: Genomsnittlig

Ingredienser:

- 1 pund malet kycklingbröst
- 1 lök, riven med överflödigt vatten urvriden
- 2 msk torkad rosmarin
- 1 msk torkad mejram
- 6 vitlöksklyftor, hackade
- ½ tsk havssalt
- ¼ tesked nymalen svartpeppar
- Tzatziki sås

Vägbeskrivning:

Värm ugnen till 350°F. Blanda kyckling, lök, rosmarin, mejram, vitlök, havssalt och peppar med en matberedare. Mixa tills blandningen bildar en pasta. Alternativt, blanda dessa ingredienser i en skål tills de är väl kombinerade (se förberedelsetips).

Tryck ut blandningen i en brödform. Grädda tills den når 165 grader innertemperatur. Ta ut ur ugnen och låt vila i 20 minuter innan du skär upp.

Skiva gyrot och häll tzatzikisåsen över toppen.

Näring (för 100g):289 Kalorier 1g Fett 20g Kolhydrater 50g Protein 622mg Natrium

Moussaka

Förberedelsetid: 10 minuter

Tillagningstid: 45 minuter

Portioner: 8

Svårighetsgrad: Svår

Ingredienser:

- 5 matskedar extra virgin olivolja, uppdelad
- 1 aubergine, skivad (oskalad)
- 1 lök, hackad
- 1 grön paprika, kärnad och hackad
- 1-pund mald kalkon
- 3 vitlöksklyftor, hackade
- 2 msk tomatpuré
- 1 (14-ounce) burk hackade tomater, avrunna
- 1 msk italiensk krydda
- 2 tsk Worcestershiresås
- 1 tsk torkad oregano
- ½ tsk mald kanel
- 1 kopp osötad, fettfri vanlig grekisk yoghurt
- 1 ägg, uppvispat
- ¼ tesked nymalen svartpeppar
- ¼ tesked mald muskotnöt
- ¼ kopp riven parmesanost
- 2 msk hackad färsk bladpersilja

Vägbeskrivning:

Värm ugnen till 400°F. Koka 3 matskedar olivolja tills det skimrar. Lägg till auberginеskivorna och bryn i 3 till 4 minuter per sida. Överför till hushållspapper för att rinna av.

Återställ stekpannan till värmen och häll de återstående 2 msk olivolja. Tillsätt löken och grön paprika. Fortsätt koka tills grönsakerna är mjuka. Ta bort från pannan och ställ åt sidan.

Dra ut kastrullen till värmen och rör ner kalkonen. Koka i cirka 5 minuter, smula sönder med en sked, tills de fått färg. Rör ner vitlöken och koka i 30 sekunder under konstant omrörning.

Rör ner tomatpuré, tomater, italiensk krydda, Worcestershiresås, oregano och kanel. Lägg tillbaka löken och paprikan i pannan. Koka i 5 minuter, rör om. Kombinera yoghurt, ägg, paprika, muskotnöt och ost.

Ordna hälften av köttblandningen i en 9 x 13-tums ugnsform. Varva med hälften av auberginen. Tillsätt resterande köttblandning och resterande aubergine. Bred ut med yoghurtblandningen. Grädda tills de är gyllenbruna. Garnera med persiljan och servera.

Näring (för 100g):338 kalorier 5 g fett 16 g kolhydrater 28 g protein 569 mg natrium

Dijon- och örtfläskfilé

Förberedelsetid: 10 minuter

Tillagningstid: 30 minuter

Portioner: 6

Svårighetsgrad: Genomsnittlig

Ingredienser:

- ½ kopp färsk italiensk persilja, hackad
- 3 msk färska rosmarinblad, hackade
- 3 msk färska timjanblad, hackade
- 3 msk dijonsenap
- 1 msk extra virgin olivolja
- 4 vitlöksklyftor, hackade
- ½ tsk havssalt
- ¼ tesked nymalen svartpeppar
- 1 (1½ pund) fläskfilé

Vägbeskrivning:

Värm ugnen till 400°F. Blanda persilja, rosmarin, timjan, senap, olivolja, vitlök, havssalt och peppar. Bearbeta i cirka 30 sekunder tills den är slät. Fördela blandningen jämnt över fläsket och lägg den på en kantad bakplåt.

Grädda tills köttet når en innertemperatur på 140°F. Ta ut ur ugnen och ställ åt sidan i 10 minuter innan du skivar och serverar.

Näring (för 100g):393 Kalorier 3g Fett 5g Kolhydrater 74g Protein 697mg Natrium

Biff med rödvins-svampsås

Förberedelsetid: minuter plus 8 timmar för att marinera

Tillagningstid: 20 minuter

Portioner: 4

Svårighetsgrad: Svår

Ingredienser:

- <u>För marinaden och steken</u>
- 1 dl torrt rött vin
- 3 vitlöksklyftor, hackade
- 2 matskedar extra virgin olivolja
- 1 matsked sojasås med låg natriumhalt
- 1 msk torkad timjan
- 1 tsk dijonsenap
- 2 matskedar extra virgin olivolja
- 1 till 1½ pund kjolstek, plattjärnsbiff eller tri-tip biff
- <u>Till svampsåsen</u>
- 2 matskedar extra virgin olivolja
- 1-pund cremini-svampar, i fjärdedelar
- ½ tsk havssalt
- 1 tsk torkad timjan
- 1/8 tsk nymalen svartpeppar
- 2 vitlöksklyftor, hackade
- 1 dl torrt rött vin

Vägbeskrivning:

Att göra marinaden och steken

Vispa vin, vitlök, olivolja, sojasås, timjan och senap i en liten skål. Häll upp i en återförslutningsbar påse och tillsätt biffen. Kyl steken för att marinera i 4 till 8 timmar. Ta bort steken från marinaden och torka den torr med hushållspapper.

Koka olivoljan i en stor panna tills den skimrar.

Placera steken och stek i cirka 4 minuter per sida tills den är djupt brun på varje sida och steken når en innertemperatur på 140°F. Ta ut steken från stekpannan och lägg den på en tallrik täckt med aluminiumfolie för att hålla sig varm, medan du förbereder svampsåsen.

När svampsåsen är klar, skiva steken mot säden i ½ tum tjocka skivor.

Att göra svampsåsen

Koka olja i samma stekpanna på medelhög värme. Tillsätt svamp, havssalt, timjan och peppar. Koka i cirka 6 minuter, rör om mycket sällan, tills svampen fått färg.

Fräs vitlöken. Blanda i vinet och använd sidan av en träslev för att ta bort eventuella brynta bitar från botten av stekpannan. Koka tills vätskan minskar till hälften. Servera svampen skeda över biffen.

Näring (för 100g):405 kalorier 5g Fett 7g Kolhydrater 33g Protein 842mg Natrium

Grekiska köttbullar

Förberedelsetid: 20 minuter

Tillagningstid: 25 minuter

Portioner: 4

Svårighetsgrad: Genomsnittlig

Ingredienser:

- 2 helvete brödskivor
- 1¼ pund malen kalkon
- 1 ägg
- ¼ kopp kryddat fullkornsbrödsmulor
- 3 vitlöksklyftor, hackade
- ¼ rödlök, riven
- ¼ kopp hackad färsk italiensk persiljablad
- 2 msk hackade färska myntablad
- 2 msk hackade färska oreganoblad
- ½ tsk havssalt
- ¼ tesked nymalen svartpeppar

Vägbeskrivning:

Värm ugnen till 350°F. Lägg bakplåtspapper eller aluminiumfolie på plåten. Kör brödet under vatten för att blöta det och krama ur överskottet. Strimla vått bröd i små bitar och lägg det i en medelstor skål.

Tillsätt kalkon, ägg, brödsmulor, vitlök, rödlök, persilja, mynta, oregano, havssalt och peppar. Blanda väl. Forma blandningen till ¼ koppar stora bollar. Lägg köttbullarna på det förberedda plåten och grädda i cirka 25 minuter, eller tills innertemperaturen når 165 °F.

Näring (för 100g):350 kalorier 6 g fett 10 g kolhydrater 42 g protein 842 mg natrium

Lamm med strängbönor

Förberedelsetid: 10 minuter

Tillagningstid: 1 timme

Portioner: 6

Svårighetsgrad: Svår

Ingredienser:

- ¼ kopp extra virgin olivolja, delad
- 6 lammkotletter, putsade av extra fett
- 1 tsk havssalt, uppdelat
- ½ tsk nymalen svartpeppar
- 2 msk tomatpuré
- 1½ dl varmt vatten
- 1 pund haricots verts, putsade och halverade på tvären
- 1 lök, hackad
- 2 tomater, hackade

Vägbeskrivning:

Koka 2 matskedar olivolja i en stor stekpanna tills den skimrar. Krydda lammkotletterna med ½ tsk havssalt och 1/8 tsk peppar. Koka lammet i den heta oljan i ca 4 minuter per sida tills det får färg på båda sidor. Lägg köttet på ett fat och ställ åt sidan.

Ställ tillbaka stekpannan till värmen och häll på de återstående 2 msk olivolja. Värm tills det skimrar.

Smält tomatpurén i det varma vattnet i en skål. Lägg till den i den varma stekpannan tillsammans med haricots verts, löken, tomaterna och den återstående ½ tsk havssalt och ¼ tsk peppar. Låt koka upp, använd en sked för att skrapa bort brynta bitar från botten av pannan.

Lägg tillbaka lammkotletterna i pannan. Låt koka upp och justera värmen till medel-låg. Sjud i 45 minuter tills bönorna är mjuka, tillsätt ytterligare vatten efter behov för att justera såsens tjocklek.

Näring (för 100g):439 Kalorier 4g Fett 10g Kolhydrater 50g Protein 745mg Natrium

Kyckling i tomat-balsamicopansås

Förberedelsetid: 10 minuter

Tillagningstid: 20 minuter

Portioner: 4

Svårighetsgrad: Genomsnittlig

Ingredienser

- 2 (8 oz. eller 226,7 g vardera) benfria kycklingbröst, utan skinn
- ½ tsk. salt-
- ½ tsk. malen peppar
- 3 msk. extra virgin olivolja
- ½ c. halverade körsbärstomater
- 2 msk. skivad schalottenlök
- ¼ c. balsamvinäger
- 1 msk. finhackad vitlök
- 1 msk. rostade fänkålsfrön, krossade
- 1 msk. Smör

Vägbeskrivning:

Skiva kycklingbrösten i 4 bitar och vispa dem med en klubba tills den når en tjocklek av en ¼ tum. Använd ¼ teskedar peppar och salt för att täcka kycklingen. Hetta upp två matskedar olja i en stekpanna och håll värmen till medelhög värme. Koka kycklingbrösten på båda sidor i tre minuter. Lägg den på ett serveringsfat och täck den med folie för att hålla den varm.

Tillsätt en matsked olja, schalottenlök och tomater i en kastrull och koka tills det mjuknar. Tillsätt vinäger och koka blandningen tills vinägern reduceras till hälften. Lägg fänkålsfrön, vitlök, salt och peppar och koka i cirka fyra minuter. Dra ut den från värmen och rör om den med smör. Häll denna sås över kycklingen och servera.

Näring (för 100g):294 kalorier 17g Fett 10g Kolhydrater 2g Protein 639mg Natrium

Brunt ris, fetaost, färska ärter och myntasallad

Förberedelsetid: 10 minuter

Tillagningstid: 25 minuter

Portioner: 4

Svårighetsgrad: Lätt

Ingredienser:

- 2 c. brunt ris
- 3 c. vatten
- Salt
- 5 oz. eller 141,7 g smulad fetaost
- 2 c. kokta ärtor
- ½ c. hackad mynta, färsk
- 2 msk. olivolja
- Salt och peppar

Vägbeskrivning:

Lägg brunt ris, vatten och salt i en kastrull på medelvärme, täck över och låt koka upp. Vrid på den lägre värmen och låt koka tills vattnet har löst sig och riset är mjukt men segt. Låt svalna helt

Tillsätt fetaost, ärtor, mynta, olivolja, salt och peppar i en salladsskål med det kylda riset och blanda ihop Servera och njut!

Näring (för 100g):613 kalorier 18,2 g fett 45 g kolhydrater 12 g protein 755 mg natrium

Fullkorns pitabröd fyllda med oliver och kikärter

Förberedelsetid: 10 minuter

Tillagningstid: 20 minuter

Portioner: 2

Svårighetsgrad: Genomsnittlig

Ingredienser:

- 2 fullkorns pitabrödfickor
- 2 msk. olivolja
- 2 vitlöksklyftor, hackade
- 1 lök, hackad
- ½ tsk. kummin
- 10 svarta oliver, hackade
- 2 c. kokta kikärtor
- Salt och peppar

Vägbeskrivning:

Skär upp pitabockorna och lägg åt sidan Justera värmen till medel och ställ en kastrull på plats. Tillsätt olivoljan och värm upp. Blanda i vitlök, lök och spiskummin i den heta pannan och rör om medan löken mjuknar och spiskumminen doftar Tillsätt oliver, kikärter, salt och peppar och blanda ihop allt tills kikärtorna blir gyllene

Ställ pannan från värme och använd din träslev för att grovmosa kikärtorna så att en del är intakta och en del krossas. Värm dina pitabrödfickor i mikron, i ugnen eller på en ren panna på spisen

Fyll dem med din kikärtsblandning och njut!

Näring (för 100g):503 kalorier 19g Fett 14g Kolhydrater 15,7g Protein 798mg Natrium

Rostade morötter med valnötter och cannellinibönor

Förberedelsetid: 10 minuter

Tillagningstid: 45 minuter

Portioner: 4

Svårighetsgrad: Genomsnittlig

Ingredienser:

- 4 skalade morötter, hackade
- 1 c. valnötter
- 1 msk. honung
- 2 msk. olivolja
- 2 c. konserverade cannellinibönor, avrunna
- 1 färsk timjankvist
- Salt och peppar

Vägbeskrivning:

Sätt ugnen på 400 F/204 C och klä en bakplåt eller långpanna med bakplåtspapper. Lägg morötterna och valnötterna på den klädda plåten eller pannan. Strö olivolja och honung över morötterna och valnötterna och gnugga allt för att se till att varje bit är belagd Strö ut bönorna på brickan och bädda in i morötterna och valnötterna

Tillsätt timjan och strö över allt med salt och peppar. Ställ in plåten i ugnen och rosta i ca 40 minuter.

Servera och njut

Näring (för 100g):385 kalorier 27g Fett 6g Kolhydrater 18g Protein 859mg Natrium

Kryddad smörad kyckling

Förberedelsetid: 10 minuter

Tillagningstid: 25 minuter

Portioner: 4

Svårighetsgrad: Genomsnittlig

Ingredienser:

- ½ c. Kraftig vispgrädde
- 1 msk. Salt
- ½ c. Benbuljong
- 1 msk. Peppar
- 4 msk. Smör
- 4 kycklingbrösthalvor

Vägbeskrivning:

Sätt pannan på ugnen på medelvärme och tillsätt en matsked smör. När smöret är varmt och smält, lägg i kycklingen och stek i fem minuter på vardera sidan. I slutet av denna tid ska kycklingen vara genomstekt och gyllene; om det är det, lägg den på en tallrik.

Därefter ska du lägga till benbuljongen i den varma pannan. Tillsätt kraftig vispgrädde, salt och peppar. Låt sedan pannan vara ifred tills din sås börjar sjuda. Låt denna process pågå i fem minuter för att låta såsen tjockna.

Slutligen ska du lägga tillbaka resten av smöret och kycklingen i pannan. Var noga med att använda en sked för att lägga såsen över din kyckling och kväva den helt. Tjäna

Näring (för 100g):350 kalorier 25 g fett 10 g kolhydrater 25 g protein 869 mg natrium

Dubbel ostlik baconkyckling

Förberedelsetid: 10 minuter

Tillagningstid: 30 minuter

Portioner: 4

Svårighetsgrad: Lätt

Ingredienser:

- 4 oz. eller 113 g. Färskost
- 1 c. Cheddarost
- 8 remsor Bacon
- Havssalt
- Peppar
- 2 vitlöksklyftor, fint hackade
- Kycklingbröst
- 1 msk. Baconfett eller smör

Vägbeskrivning:

Förbered ugnen till 400 F/204 C Dela kycklingbrösten på mitten för att göra dem tunna

Krydda med salt, peppar och vitlök Smörj en ugnsform med smör och lägg kycklingbröst i den. Lägg färskosten och cheddarosten ovanpå brösten

Lägg även till baconskivor. Sätt formen i ugnen i 30 minuter. Servera varm

Näring (för 100g):610 kalorier 32g Fett 3g Kolhydrater 38g Protein 759mg Natrium

Räkor med citron och peppar

Förberedelsetid: 10 minuter

Tillagningstid: 10 minuter

Portioner: 4

Svårighetsgrad: Lätt

Ingredienser:

- 40 deveinerade räkor, skalade
- 6 hackade vitlöksklyftor
- Salt och svartpeppar
- 3 msk. olivolja
- ¼ tsk. söt paprika
- En nypa krossad röd paprikaflinga
- ¼ tsk. rivet citronskal
- 3 msk. Sherry eller annat vin
- 1½ msk. skivad gräslök
- Saften av 1 citron

Vägbeskrivning:

Justera värmen till medelhög och sätt en kastrull på plats.

Tillsätt olja och räkor, strö över peppar och salt och koka i 1 minut Tillsätt paprika, vitlök och pepparflingor, rör om och koka i 1 minut. Rör försiktigt i sherry och låt koka en extra minut

Ta räkor från värmen, tillsätt gräslök och citronskal, rör om och överför räkor till tallrikar. Tillsätt citronsaft överallt och servera

Näring (för 100g):140 kalorier 1g fett 5g kolhydrater 18g protein 694mg natrium

Panerad och kryddad hälleflundra

Förberedelsetid: 5 minuter

Tillagningstid: 25 minuter

Portioner: 4

Svårighetsgrad: Lätt

Ingredienser:

- ¼ c. hackad färsk gräslök
- ¼ c. hackad färsk dill
- ¼ tsk. malen svartpeppar
- ¾ c. panko brödsmulor
- 1 msk. extra virgin olivolja
- 1 tsk. fint rivet citronskal
- 1 tsk. havssalt
- 1/3 c. hackad färsk persilja
- 4 (6 oz. eller 170 g. vardera) hälleflundrafiléer

Vägbeskrivning:

I en medelstor skål, blanda olivolja och resten av ingredienserna förutom hälleflundrafiléer och ströbröd

Lägg hälleflundrafiléer i blandningen och marinera i 30 minuter. Värm ugnen till 400 F/204 C. Sätt en folie på en plåt, smörj med matlagningsspray Doppa filéerna i ströbrödet och lägg på plåten Tillaga i ugnen i 20 minuter Servera varm

Näring (för 100g):667 kalorier 24,5 g Fett 2 g Kolhydrater 54,8 g Protein 756 mg Natrium

Currylax med senap

Förberedelsetid: 10 minuter

Tillagningstid: 20 minuter

Portioner: 4

Svårighetsgrad: Lätt

Ingredienser:

- ¼ tsk. mald röd paprika eller chilipulver
- ¼ tsk. gurkmeja, mald
- ¼ tsk. salt-
- 1 tsk. honung
- ¼ tsk. vitlökspulver
- 2 tsk. fullkornssenap
- 4 (6 oz. eller 170 g. vardera) laxfiléer

Vägbeskrivning:

Blanda senap och resten av ingredienserna utom lax i en skål. Värm ugnen till 350 F/176 C Smörj en ugnsform med matlagningsspray. Lägg laxen på en ugnsform med skinnsidan nedåt och fördela senapsblandningen jämnt ovanpå filéerna. Sätt in i ugnen och tillaga i 10-15 minuter eller tills det är flagigt.

Näring (för 100g):324 kalorier 18,9 g Fett 1,3 g Kolhydrater 34 g Protein 593 mg Natrium

Valnöt-Rosmarin Crusted Lax

Förberedelsetid: 10 minuter

Tillagningstid: 25 minuter

Portioner: 4

Svårighetsgrad: Genomsnittlig

Ingredienser:

- 1 pund eller 450 g. fryst laxfilé utan skinn
- 2 tsk. Dijon senap
- 1 vitlöksklyfta, finhackad
- ¼ tsk. citronskal
- ½ tsk. honung
- ½ tsk. kosher salt
- 1 tsk. nyhackad rosmarin
- 3 msk. panko brödsmulor
- ¼ tsk. krossad röd paprika
- 3 msk. hackade valnötter
- 2 tsk. extra virgin olivolja

Vägbeskrivning:

Förbered ugnen till 420 F/215 C och använd bakplåtspapper för att fodra en kantad bakplåt. Blanda senap, citronskal, vitlök, citronsaft, honung, rosmarin, krossad röd peppar och salt i en skål. Blanda valnöt, panko och 1 tsk olja i en annan skål. Lägg bakplåtspapper på plåten och lägg laxen på den.

Bred senapsblandning på fisken och toppa med pankoblandningen. Spraya resten av olivoljan lätt på laxen. Grädda i ca 10-12 minuter eller tills laxen separeras med en gaffel. Servera varm

Näring (för 100g):222 kalorier 12 g fett 4 g kolhydrater 0,8 g protein 812 mg natrium

Snabb tomat spaghetti

Förberedelsetid: 10 minuter

Tillagningstid: 25 minuter

Portioner: 4

Svårighetsgrad: Genomsnittlig

Ingredienser:

- 8 oz. eller 226,7 g spagetti
- 3 msk. olivolja
- 4 vitlöksklyftor, skivade
- 1 jalapeno, skivad
- 2 c. körsbärstomater
- Salt och peppar
- 1 tsk. balsamvinäger
- ½ c. Parmesan, riven

Vägbeskrivning:

Koka upp en stor kastrull med vatten på medelhög värme. Tillsätt en nypa salt och låt koka upp och tillsätt sedan spaghettin. Låt koka i 8 minuter. Medan pastan kokar, hetta upp oljan i en stekpanna och tillsätt vitlök och jalapeno. Koka ytterligare 1 minut och blanda sedan i tomater, peppar och salt.

Koka i 5-7 minuter tills tomaternas skal spricker.

Tillsätt vinägern och ta av värmen. Häll av spagetti väl och blanda den med tomatsåsen. Strö över ost och servera direkt.

Näring (för 100g):298 kalorier 13,5 g fett 10,5 g kolhydrater 8 g protein 749 mg natrium

Chili oregano bakad ost

Förberedelsetid: 10 minuter

Tillagningstid: 25 minuter

Portioner: 4

Svårighetsgrad: Lätt

Ingredienser:

- 8 oz. eller 226,7 g fetaost
- 4 oz. eller 113 g mozzarella, smulad
- 1 skivad chilipeppar
- 1 tsk. torkad oregano
- 2 msk. olivolja

Vägbeskrivning:

Lägg fetaosten i en liten långpanna. Toppa med mozzarellan och krydda sedan med pepparskivor och oregano. täck din panna med lock. Grädda i den förvärmda ugnen vid 350 F/176 C i 20 minuter. Servera osten och njut av den.

Näring (för 100g):292 kalorier 24,2 g fett 5,7 g kolhydrater 2 g protein 733 mg natrium

Krispig italiensk kyckling

Förberedelsetid: 10 minuter

Tillagningstid: 30 minuter

Portioner: 4

Svårighetsgrad: Lätt

Ingredienser:

- 4 kycklinglår
- 1 tsk. torkad basilika
- 1 tsk. torkad oregano
- Salt och peppar
- 3 msk. olivolja
- 1 msk. balsamvinäger

Vägbeskrivning:

Krydda kycklingen väl med basilika och oregano. Använd en stekpanna, tillsätt olja och värm upp. Lägg i kycklingen i den heta oljan. Låt varje sida koka i 5 minuter tills de är gyllene och täck sedan kastrullen med ett lock.

Justera värmen till medel och koka i 10 minuter på ena sidan, vänd sedan kycklingen upprepade gånger och tillaga i ytterligare 10 minuter tills den är knaprig. Servera kycklingen och njut.

Näring (för 100g):262 Kalorier 13,9g Fett 11g Kolhydrater 32,6g Protein 693mg Natrium

Marockansk Tagine med grönsaker

Förberedelsetid: 20 minuter

Tillagningstid: 40 minuter

Portioner: 2

Svårighetsgrad: Genomsnittlig

Ingredienser:

- 2 matskedar olivolja
- ½ lök, tärnad
- 1 vitlöksklyfta, finhackad
- 2 dl blomkålsbuketter
- 1 medelstor morot, skuren i 1-tums bitar
- 1 kopp tärnad aubergine
- 1 burk hela tomater med juice
- 1 (15-ounce / 425-g) burk kikärter
- 2 små röda potatisar
- 1 kopp vatten
- 1 tsk ren lönnsirap
- ½ tsk kanel
- ½ tsk gurkmeja
- 1 tsk spiskummin
- ½ tsk salt
- 1 till 2 tsk harissapasta

Vägbeskrivning:

Värm upp olivoljan på medelhög värme i en holländsk ugn. Fräs löken i 5 minuter, rör om då och då, eller tills löken är genomskinlig.

Rör ner vitlök, blomkålsbuketter, morot, aubergine, tomater och potatis. Mosa tomaterna med en träslev till mindre bitar.

Tillsätt kikärtorna, vattnet, lönnsirap, kanel, gurkmeja, spiskummin och salt och rör om för att införliva. Låt det koka

När det är klart, sänk värmen till medel-låg. Rör ner harissapastan, täck över, låt puttra i cirka 40 minuter, eller tills grönsakerna mjuknat. Smaka av och justera krydda efter behov. Låt den vila innan servering.

Näring (för 100g):293 kalorier 9,9g Fett 12,1g Kolhydrater 11,2g Protein 811mg Natrium

Kikärtssallad Wraps med selleri

Förberedelsetid: 10 minuter

Tillagningstid: 0 minuter

Portioner: 4

Svårighetsgrad: Lätt

Ingredienser:

- 1 (15 ounce / 425 g) burk kikärter med låg natriumhalt
- 1 stjälk selleri, tunt skivad
- 2 msk finhackad rödlök
- 2 matskedar osaltad tahini
- 3 matskedar honungssenap
- 1 msk kapris, odränerad
- 12 smörsallatsblad

Vägbeskrivning:

Mosa kikärtorna i en skål med en potatisstöt eller baksidan av en gaffel tills de är nästan jämna. Tillsätt selleri, rödlök, tahini, honungssenap och kapris i skålen och rör om tills det är väl införlivat.

För varje servering, lägg tre överlappande salladsblad på en tallrik och toppa med ¼ av den mosade kikärtsfyllningen och rulla sedan ihop. Upprepa med resterande salladsblad och kikärtsblandning.

Näring (för 100g):182 kalorier 7,1g Fett 3g Kolhydrater 10,3g Protein 743mg Natrium

Grillade grönsaksspett

Förberedelsetid: 15 minuter

Tillagningstid: 10 minuter

Portioner: 4

Svårighetsgrad: Lätt

Ingredienser:

- 4 medelstora rödlökar, skalade och skivade i 6 klyftor
- 4 medelstora zucchinis, skurna i 1 tum tjocka skivor
- 2 bifftomater, skurna i fjärdedelar
- 4 röda paprikor
- 2 apelsin paprika
- 2 gula paprikor
- 2 matskedar plus 1 tesked olivolja

Vägbeskrivning:

Förvärm grillen till medelhög värme. Spett grönsakerna genom att växla mellan rödlök, zucchini, tomater och de olika färgade paprikorna. Smörj dem med 2 msk olivolja.

Olja in grillgallren med 1 tsk olivolja och grilla grönsaksspetten i 5 minuter. Vänd på spetten och grilla i 5 minuter till, eller tills de är kokta som du vill. Låt spetten svalna i 5 minuter innan servering.

Näring (för 100g):115 kalorier 3 g fett 4,7 g kolhydrater 3,5 g protein 647 mg natrium

Fylld Portobellosvamp med tomater

Förberedelsetid: 10 minuter

Tillagningstid: 15 minuter

Portioner: 4

Svårighetsgrad: Genomsnittlig

Ingredienser:

- 4 stora portobellosvampmössor
- 3 matskedar extra virgin olivolja
- Salt och svartpeppar, efter smak
- 4 soltorkade tomater
- 1 dl riven mozzarellaost, delad
- ½ till ¾ kopp tomatsås med låg natriumhalt

Vägbeskrivning:

Förvärm broilern på hög. Lägg svamplocken på en plåt och ringla över olivolja. Strö över salt och peppar. Stek i 1o minuter, vänd svamplocken halvvägs tills de fått färg på toppen.

Ta bort från steken. Sked 1 tomat, 2 matskedar ost och 2 till 3 matskedar sås på varje svamplock. Lägg tillbaka svamplocken i broilern och fortsätt att steka i 2 till 3 minuter. Kyl i 5 minuter innan servering.

Näring (för 100g):217 kalorier 15,8g Fett 9g Kolhydrater 11,2g Protein 793mg Natrium

Vissnade maskrosgrönt med sötlök

Förberedelsetid: 15 minuter

Tillagningstid: 15 minuter

Portioner: 4

Svårighetsgrad: Lätt

Ingredienser:

- 1 msk extra virgin olivolja
- 2 vitlöksklyftor, hackade
- 1 Vidalia lök, tunt skivad
- ½ dl grönsaksbuljong med låg natriumhalt
- 2 knippen maskrosgrönt, grovt hackad
- Nymalen svartpeppar, efter smak

Vägbeskrivning:

Hetta upp olivoljan i en stor stekpanna på låg värme. Tillsätt vitlöken och löken och koka i 2 till 3 minuter, rör om då och då, eller tills löken är genomskinlig.

Vik i grönsaksbuljongen och maskrosgrönsakerna och koka i 5 till 7 minuter tills vissnat, rör om ofta. Strö över svartpeppar och servera på ett fat medan det är varmt.

Näring (för 100g):81 kalorier 3,9 g Fett 4 g Kolhydrater 3,2 g Protein 693 mg Natrium

Selleri och senapsgrönt

Förberedelsetid: 10 minuter

Tillagningstid: 15 minuter

Portioner: 4

Svårighetsgrad: Genomsnittlig

Ingredienser:

- ½ dl grönsaksbuljong med låg natriumhalt
- 1 stjälk selleri, grovt hackad
- ½ söt lök, hackad
- ½ stor röd paprika, tunt skivad
- 2 vitlöksklyftor, hackade
- 1 knippe senapsgröt, grovt hackad

Vägbeskrivning:

Häll grönsaksbuljongen i en stor gjutjärnspanna och låt sjuda på medelvärme. Rör ner selleri, lök, paprika och vitlök. Koka utan lock i cirka 3 till 5 minuter.

Tillsätt senapsgrönsakerna i pannan och rör om väl. Sänk värmen och koka tills vätskan har avdunstat och grönsakerna vissnat. Ta av från värmen och servera varm.

Näring (för 100g):39 kalorier 3,1g Protein 6,8g Kolhydrater 3g Protein736mg Natrium

Grönsaker och Tofu Scramble

Förberedelsetid: 5 minuter

Tillagningstid: 10 minuter

Portioner: 2

Svårighetsgrad: Lätt

Ingredienser:

- 2 matskedar extra virgin olivolja
- ½ rödlök, finhackad
- 1 dl hackad grönkål
- 8 uns (227 g) svamp, skivad
- 8 uns (227 g) tofu, skuren i bitar
- 2 vitlöksklyftor, hackade
- Nyp röda paprikaflingor
- ½ tsk havssalt
- 1/8 tsk nymalen svartpeppar

Vägbeskrivning:

Koka olivoljan i en medelstor nonstick-panna på medelhög värme tills den skimrar. Tillsätt löken, grönkålen och svampen i stekpannan. Koka och rör om oregelbundet, eller tills grönsakerna börjar få färg.

Tillsätt tofun och fräs i 3 till 4 minuter tills den mjuknat. Rör ner vitlök, rödpepparflingor, salt och svartpeppar och koka i 30 sekunder. Låt den vila innan servering.

Näring (för 100g):233 Kalorier 15,9g Fett 2g Kolhydrater 13,4g Protein 733mg Natrium

Enkla Zoodles

Förberedelsetid: 10 minuter

Tillagningstid: 5 minuter

Portioner: 2

Svårighetsgrad: Lätt

Ingredienser:

- 2 msk avokadoolja
- 2 medelstora zucchinis, spiraliserade
- ¼ tesked salt
- Nymalen svartpeppar, efter smak

Vägbeskrivning:

Värm upp avokadooljan i en stor stekpanna på medelvärme tills den skimrar. Tillsätt zucchininudlarna, salt och svartpeppar i stekpannan och rör om. Koka och rör hela tiden tills det är mjukt. Servera varm.

Näring (för 100g):128 kalorier 14g Fett 0,3g Kolhydrater 0,3g Protein 811mg Natrium

Lins och tomat Collard Wraps

Förberedelsetid: 15 minuter

Tillagningstid: 0 minuter

Portioner: 4

Svårighetsgrad: Lätt

Ingredienser:

- 2 dl kokta linser
- 5 romska tomater, tärnade
- ½ kopp smulad fetaost
- 10 stora färska basilikablad, tunt skivade
- ¼ kopp extra virgin olivolja
- 1 msk balsamvinäger
- 2 vitlöksklyftor, hackade
- ½ tesked rå honung
- ½ tsk salt
- ¼ tesked nymalen svartpeppar
- 4 stora collardblad, stjälkar borttagna

Vägbeskrivning:

Kombinera linser, tomater, ost, basilikablad, olivolja, vinäger, vitlök, honung, salt och svartpeppar och rör om väl.

Lägg collardbladen på en plan arbetsyta. Sked de lika stora mängderna av linsblandningen på bladens kanter. Rulla ihop dem och dela på mitten för servering.

Näring (för 100g):318 kalorier 17,6g Fett 27,5g Kolhydrater 13,2g Protein 800mg Natrium

Medelhavet grönsaksskål

Förberedelsetid: 10 minuter

Tillagningstid: 20 minuter

Portioner: 4

Svårighetsgrad: Genomsnittlig

Ingredienser:

- 2 koppar vatten
- 1 kopp antingen bulgurvete #3 eller quinoa, sköljd
- 1½ tsk salt, delat
- 1-pint (2 koppar) körsbärstomater, halverade
- 1 stor paprika, hackad
- 1 stor gurka, hackad
- 1 kopp Kalamata oliver
- ½ dl färskpressad citronsaft
- 1 kopp extra virgin olivolja
- ½ tsk nymalen svartpeppar

Vägbeskrivning:

Koka upp vattnet i en medelstor kastrull på medelvärme. Tillsätt bulgur (eller quinoa) och 1 tsk salt. Täck över och koka i 15 till 20 minuter.

För att ordna grönsakerna i dina 4 skålar, dela varje skål visuellt i 5 sektioner. Lägg den kokta bulguren i en sektion. Följ med tomater, paprika, gurka och oliver.

Svep ihop citronsaft, olivolja, återstående ½ tsk salt och svartpeppar.

Fördela dressingen jämnt över de 4 skålarna. Servera omedelbart eller täck och ställ i kylen till senare.

Näring (för 100g):772 kalorier 9 g fett 6 g protein 41 g kolhydrater 944 mg natrium

Grillad grönsaks- och hummuswrap

Förberedelsetid: 15 minuter

Tillagningstid: 10 minuter

Portioner: 6

Svårighetsgrad: Genomsnittlig

Ingredienser:

- 1 stor aubergine
- 1 stor lök
- ½ kopp extra virgin olivolja
- 1 tsk salt
- 6 lavash wraps eller stora pitabröd
- 1 kopp krämig traditionell hummus

Vägbeskrivning:

Förvärm en grill, stor grillpanna eller lätt oljad stor stekpanna på medelvärme. Skiva aubergine och lök i cirklar. Smörj grönsakerna med olivolja och strö över salt.

Koka grönsakerna på båda sidor, cirka 3 till 4 minuter på varje sida. För att göra omslaget, lägg lavash eller pitabröd platt. Lägg ca 2 msk hummus på wrapen.

Dela grönsakerna jämnt mellan wraperna, lägg dem i lager längs ena sidan av wrapen. Vik försiktigt över sidan av wrapen med grönsakerna, stoppa in dem och gör en tät wrap.

Lägg omlottsömmen nedåt och skär i halften eller tredjedelar.

Du kan också slå in varje smörgås med plastfolie för att hjälpa den att hålla formen och äta den senare.

Näring (för 100g):362 Kalorier 10g Fett 28g Kolhydrater 15g Protein 736mg Natrium

Spanska gröna bönor

Förberedelsetid: 10 minuter

Tillagningstid: 20 minuter

Portioner: 4

Svårighetsgrad: Lätt

Ingredienser:

- ¼ kopp extra virgin olivolja
- 1 stor lök, hackad
- 4 vitlöksklyftor, fint hackade
- 1-pund gröna bönor, färska eller frysta, putsade
- 1½ tsk salt, delat
- 1 (15-ounce) burk tärnade tomater
- ½ tsk nymalen svartpeppar

Vägbeskrivning:

Värm upp olivoljan, löken och vitlöken; koka i 1 minut. Skär de gröna bönorna i 2-tums bitar. Tillsätt haricots verts och 1 tesked salt i grytan och blanda ihop allt; koka i 3 minuter. Tillsätt de tärnade tomaterna, återstående ½ tesked salt och svartpeppar i grytan; fortsätt koka i ytterligare 12 minuter, rör om då och då. Servera varm.

Näring (för 100g):200 kalorier 12 g fett 18 g kolhydrater 4 g protein 639 mg natrium

Rustik blomkål och morotshash

Förberedelsetid: 10 minuter

Tillagningstid: 10 minuter

Portioner: 4

Svårighetsgrad: Lätt

Ingredienser:

- 3 matskedar extra virgin olivolja
- 1 stor lök, hackad
- 1 msk vitlök, hackad
- 2 dl morötter, tärnade
- 4 dl blomkålsbitar, tvättade
- 1 tsk salt
- ½ tsk malen spiskummin

Vägbeskrivning:

Koka olivolja, lök, vitlök och morötter i 3 minuter. Skär blomkålen i 1-tums eller lagom stora bitar. Tillsätt blomkål, salt och spiskummin i stekpannan och blanda ihop med morötterna och löken.

Täck och koka i 3 minuter. Häll i grönsakerna och fortsätt koka i ytterligare 3 till 4 minuter. Servera varm.

Näring (för 100g):159 kalorier 17g Fett 15g Kolhydrater 3g Protein 569mg Natrium

Rostad blomkål och tomater

Förberedelsetid: 5 minuter

Tillagningstid: 25 minuter

Portioner: 4

Svårighetsgrad: Genomsnittlig

Ingredienser:

- 4 koppar blomkål, skuren i 1-tums bitar
- 6 matskedar extra virgin olivolja, uppdelad
- 1 tsk salt, delat
- 4 dl körsbärstomater
- ½ tsk nymalen svartpeppar
- ½ kopp riven parmesanost

Vägbeskrivning:

Värm ugnen till 425°F. Tillsätt blomkålen, 3 matskedar olivolja och ½ tesked salt i en stor skål och rör om så att det blir jämnt. Lägg på en plåt i ett jämnt lager.

I en annan stor skål, tillsätt tomaterna, återstående 3 matskedar olivolja och ½ tesked salt, och rör om så att det blir jämnt. Häll på ett annat bakplåtspapper. Lägg blomkålsarket och tomatarket i ugnen för att rosta i 17 till 20 minuter tills blomkålen är lätt brynt och tomaterna är fylliga.

Använd en spatel, häll upp blomkålen i en serveringsform och toppa med tomater, svartpeppar och parmesanost. Servera varm.

Näring (för 100g):294 kalorier 14 g fett 13 g kolhydrater 9 g protein 493 mg natrium

Rostad ekollon squash

Förberedelsetid: 10 minuter

Tillagningstid: 35 minuter

Portioner: 6

Svårighetsgrad: Genomsnittlig

Ingredienser:

- 2 ekollon squash, medelstor till stor
- 2 matskedar extra virgin olivolja
- 1 tsk salt, plus mer för smaksättning
- 5 matskedar osaltat smör
- ¼ kopp hackade salviablad
- 2 msk färska timjanblad
- ½ tsk nymalen svartpeppar

Vägbeskrivning:

Värm ugnen till 400°F. Skär ekollonsquashen på mitten på längden. Skrapa ur fröna och skär dem horisontellt i ¾-tums tjocka skivor. I en stor skål, ringla squashen med olivolja, strö över salt och blanda ihop för att täcka.

Lägg ekollonsquashen platt på en plåt. Lägg i bakplåten i ugnen och grädda squashen i 20 minuter. Vänd squashen med en spatel och grädda i ytterligare 15 minuter.

Mjuka upp smöret i en medelstor kastrull på medelvärme. Tillsätt salvia och timjan i det smälta smöret och låt dem koka i 30 sekunder. Lägg över de kokta squashskivorna till en tallrik. Skeda smör/örtblandningen över squashen. Krydda med salt och svartpeppar. Servera varm.

Näring (för 100g):188 kalorier 13g Fett 16g Kolhydrater 1g Protein 836mg Natrium

Sauterad vitlöksspenat

Förberedelsetid: 5 minuter

Tillagningstid: 10 minuter

Portioner: 4

Svårighetsgrad: Lätt

Ingredienser:

- ¼ kopp extra virgin olivolja
- 1 stor lök, tunt skivad
- 3 vitlöksklyftor, hackade
- 6 (1-pund) påsar babyspenat, tvättade
- ½ tsk salt
- 1 citron, skuren i klyftor

Vägbeskrivning:

Koka olivolja, lök och vitlök i en stor stekpanna i 2 minuter på medelvärme. Tillsätt en påse spenat och ½ tesked salt. Täck pannan och låt spenaten vissna i 30 sekunder. Upprepa (utelämna saltet), tillsätt 1 påse spenat åt gången.

När all spenat har lagts i, ta av locket och koka i 3 minuter, låt en del av fukten avdunsta. Servera varm med citronskal ovanpå.

Näring (för 100g):301 kalorier 12g Fett 29g Kolhydrater 17g Protein 639mg Natrium

Garlicky sauterad zucchini med mynta

Förberedelsetid: 5 minuter

Tillagningstid: 10 minuter

Portioner: 4

Svårighetsgrad: Lätt

Ingredienser:

- 3 stora gröna zucchinis
- 3 matskedar extra virgin olivolja
- 1 stor lök, hackad
- 3 vitlöksklyftor, hackade
- 1 tsk salt
- 1 tsk torkad mynta

Vägbeskrivning:

Skär zucchinin i ½-tums tärningar. Koka olivolja, lök och vitlök i 3 minuter under konstant omrörning.

Tillsätt zucchinin och saltet i stekpannan och blanda ihop med löken och vitlöken, koka i 5 minuter. Tillsätt myntan i stekpannan, blanda ihop. Koka i ytterligare 2 minuter. Servera varm.

Näring (för 100g):147 kalorier 16 g fett 12 g kolhydrater 4 g protein 723 mg natrium

Stuvad Okra

Förberedelsetid: 55 minuter

Tillagningstid: 25 minuter

Portioner: 4

Svårighetsgrad: Lätt

Ingredienser:

- ¼ kopp extra virgin olivolja
- 1 stor lök, hackad
- 4 vitlöksklyftor, fint hackade
- 1 tsk salt
- 1 pund färsk eller fryst okra, rengjord
- 1 (15-ounce) burk vanlig tomatsås
- 2 koppar vatten
- ½ kopp färsk koriander, finhackad
- ½ tsk nymalen svartpeppar

Vägbeskrivning:

Blanda och koka olivolja, lök, vitlök och salt i 1 minut. Rör ner okran och koka i 3 minuter.

Tillsätt tomatsås, vatten, koriander och svartpeppar; rör om, täck över och låt koka i 15 minuter, rör om då och då. Servera varm.

Näring (för 100g):201 kalorier 6 g fett 18 g kolhydrater 4 g protein 693 mg natrium

Söt grönsaksfylld paprika

Förberedelsetid: 20 minuter

Tillagningstid: 30 minuter

Portioner: 6

Svårighetsgrad: Genomsnittlig

Ingredienser:

- 6 stora paprikor, olika färger
- 3 matskedar extra virgin olivolja
- 1 stor lök, hackad
- 3 vitlöksklyftor, hackade
- 1 morot, hackad
- 1 (16-ounce) burk garbanzobönor, sköljda och avrunna
- 3 koppar kokt ris
- 1½ tsk salt
- ½ tsk nymalen svartpeppar

Vägbeskrivning:

Värm ugnen till 350°F. Se till att välja paprika som kan stå upprätt. Skär av pepparlocket och ta bort fröna, spara locket för senare. Lägg paprikorna i en ugnsform.

Värm upp olivolja, lök, vitlök och morötter i 3 minuter. Rör ner garbanzobönorna. Koka i ytterligare 3 minuter. Dra ut ur pannan från värmen och häll de kokta ingredienserna i en stor skål. Tillsätt ris, salt och peppar; kasta för att kombinera.

Fyll varje paprika till toppen och sätt sedan på pepparlocken igen. Fyll ugnsformen med aluminiumfolie och grädda i 25 minuter. Dra ut folien och grädda i ytterligare 5 minuter. Servera varm.

Näring (för 100g):301 kalorier 15 g fett 50 g kolhydrater 8 g protein 803 mg natrium

Moussaka aubergine

Förberedelsetid: 55 minuter

Tillagningstid: 40 minuter

Portioner: 6

Svårighetsgrad: Svår

Ingredienser:

- 2 stora auberginer
- 2 tsk salt, delat
- Olivolja spray
- ¼ kopp extra virgin olivolja
- 2 stora lökar, skivade
- 10 vitlöksklyftor, skivade
- 2 (15-ounce) burkar tärnade tomater
- 1 (16-ounce) burk garbanzobönor, sköljda och avrunna
- 1 tsk torkad oregano
- ½ tsk nymalen svartpeppar

Vägbeskrivning:

Skiva auberginen horisontellt i ¼-tums tjocka runda skivor. Strö aubergineskivorna med 1 tsk salt och lägg i ett durkslag i 30 minuter.

Värm ugnen till 450°F. Klappa aubergineskivorna torra med hushållspapper och spraya varje sida med en olivolja spray eller pensla lätt varje sida med olivolja.

Sätt ihop auberginen i ett enda lager på en plåt. Sätt in i ugnen och grädda i 10 minuter. Vänd sedan skivorna med en spatel och grädda i ytterligare 10 minuter.

Fräs olivolja, lök, vitlök och resterande 1 tsk salt. Koka 5 minuter under sällan omrörning. Tillsätt tomater, garbanzobönor, oregano och svartpeppar. Sjud i 12 minuter, rör om oregelbundet.

Använd en djup gryta och börja lägga i lager, börja med aubergine och sedan såsen. Upprepa tills alla ingredienser har använts. Grädda i ugnen i 20 minuter. Ta ut ur ugnen och servera varm.

Näring (för 100g):262 kalorier 11g Fett 35g Kolhydrater 8g Protein 723mg Natrium

Grönsaksfyllda druvblad

Förberedelsetid: 50 minuter

Tillagningstid: 45 minuter

Portioner: 8

Svårighetsgrad: Genomsnittlig

Ingredienser:

- 2 dl vitt ris, sköljt
- 2 stora tomater, fint tärnade
- 1 stor lök, finhackad
- 1 salladslök, finhackad
- 1 dl färsk italiensk persilja, finhackad
- 3 vitlöksklyftor, hackade
- 2½ teskedar salt
- ½ tsk nymalen svartpeppar
- 1 (16 ounce) burk druvblad
- 1 dl citronsaft
- ½ kopp extra virgin olivolja
- 4 till 6 koppar vatten

Vägbeskrivning:

Kombinera ris, tomater, lök, salladslök, persilja, vitlök, salt och svartpeppar. Häll av och skölj druvbladen. Förbered en stor kruka genom att lägga ett lager druvblad på botten. Lägg varje blad platt och klipp av eventuella stjälkar.

Lägg 2 matskedar av risblandningen vid basen av varje blad. Vik över sidorna och rulla sedan så hårt som möjligt. Lägg de rullade vindruvsbladen i grytan, rada upp varje rullat druvblad. Fortsätt att skikta in de rullade druvbladen.

Häll försiktigt citronsaften och olivoljan över druvbladen och tillsätt tillräckligt med vatten för att täcka druvbladen med 1 tum. Lägg en tung tallrik som är mindre än krukans öppning upp och ner över druvbladen. Täck grytan och koka bladen på medelhög värme i 45 minuter. Låt stå i 20 minuter innan servering. Servera varm eller kall.

Näring (för 100g):532 kalorier 15 g fett 80 g kolhydrater 12 g protein 904 mg natrium

Grillade auberginerullar

Förberedelsetid: 30 minuter

Tillagningstid: 10 minuter

Portioner: 6

Svårighetsgrad: Genomsnittlig

Ingredienser:

- 2 stora auberginer
- 1 tsk salt
- 4 uns getost
- 1 kopp ricotta
- ¼ kopp färsk basilika, finhackad
- ½ tsk nymalen svartpeppar
- Olivolja spray

Vägbeskrivning:

Skär upp toppen av auberginerna och skär auberginerna på längden i ¼-tums tjocka skivor. Strö skivorna med saltet och lägg auberginen i ett durkslag i 15 till 20 minuter.

Gissla getost, ricotta, basilika och peppar. Förvärm en grill, grillpanna eller lätt oljad stekpanna på medelvärme. Torka auberginеskivorna och spraya lätt med olivolja. Lägg auberginen på grillen, grillpannan eller stekpannan och stek i 3 minuter på varje sida.

Ta ut auberginen från värmen och låt svalna i 5 minuter. För att rulla, lägg en aubergineskiva platt, lägg en matsked av ostblandningen vid basen av skivan och rulla ihop. Servera omedelbart eller kyl till servering.

Näring (för 100g):255 kalorier 7 g fett 19 g kolhydrater 15 g protein 793 mg natrium

Krispiga Zucchini Fritters

Förberedelsetid: 15 minuter

Tillagningstid: 20 minuter

Portioner: 6

Svårighetsgrad: Lätt

Ingredienser:

- 2 stora gröna zucchinis
- 2 msk italiensk persilja, finhackad
- 3 vitlöksklyftor, hackade
- 1 tsk salt
- 1 kopp mjöl
- 1 stort ägg, uppvispat
- ½ kopp vatten
- 1 tsk bakpulver
- 3 dl vegetabilisk eller avokadoolja

Vägbeskrivning:

Riv zucchinin i en stor skål. Tillsätt persilja, vitlök, salt, mjöl, ägg, vatten och bakpulver i skålen och rör om. Värm olja till 365°F i en stor gryta eller fritös på medelvärme.

Häll ner frittersmeten i den heta oljan med sked. Vänd frittorna med en hålslev och stek tills de är gyllenbruna, cirka 2 till 3 minuter. Sila fritterna från oljan och lägg på en plåt klädd med hushållspapper. Servera varm med Creamy Tzatziki eller Creamy Traditional Hummus som dipp.

Näring (för 100g):446 kalorier 2g Fett 19g Kolhydrater 5g Protein 812mg Natrium

Ostiga spenatpajer

Förberedelsetid: 20 minuter

Tillagningstid: 40 minuter

Portioner: 8

Svårighetsgrad: Svår

Ingredienser:

- 2 matskedar extra virgin olivolja
- 1 stor lök, hackad
- 2 vitlöksklyftor, hackade
- 3 (1-pund) påsar babyspenat, tvättade
- 1 dl fetaost
- 1 stort ägg, uppvispat
- Smördegsark

Vägbeskrivning:

Värm ugnen till 375°F. Värm upp olivolja, lök och vitlök i 3 minuter. Tillsätt spenaten i stekpannan en påse i taget, låt den vissna mellan varje påse. Kasta med en tång. Koka i 4 minuter. När spenaten är kokt, ös bort all överflödig vätska från pannan.

Blanda fetaost, ägg och kokt spenat i en stor skål. Lägg smördegen platt på en bänk. Skär degen i 3-tums rutor. Lägg en matsked av spenatblandningen i mitten av en smördegsruta. Vik över ett hörn av fyrkanten till det diagonala hörnet och bildar en triangel.

Krymp kanterna på pajen genom att trycka ner med pinnarna på en gaffel för att täta ihop dem. Upprepa tills alla rutor är fyllda.

Lägg pajerna på en bakplåtspappersklädd plåt och grädda i 25 till 30 minuter eller tills de är gyllenbruna. Servera varm eller i rumstemperatur.

Näring (för 100g):503 kalorier 6g Fett 38g Kolhydrater 16g Protein 836mg Natrium

Gurksmörgåsbitar

Förberedelsetid: 5 minuter

Tillagningstid: 0 minuter

Portioner: 12

Svårighetsgrad: Lätt

Ingredienser:

- 1 gurka, skivad
- 8 skivor fullkornsbröd
- 2 msk färskost, mjuk
- 1 msk gräslök, hackad
- ¼ kopp avokado, skalad, urkärnad och mosad
- 1 tsk senap
- Salta och svartpeppar efter smak

Vägbeskrivning:

Fördela den mosade avokadon på varje brödskiva, fördela även resten av ingredienserna förutom gurkskivorna.

Dela gurkskivorna på brödskivorna, skär varje skiva i tredjedelar, lägg upp på ett fat och servera som förrätt.

Näring (för 100g):187 kalorier 12,4g Fett 4,5g Kolhydrater 8,2g Protein 736mg Natrium

Yoghurtdip

Förberedelsetid: 10 minuter

Tillagningstid: 0 minuter

Portioner: 6

Svårighetsgrad: Lätt

Ingredienser:

- 2 koppar grekisk yoghurt
- 2 msk pistagenötter, rostade och hackade
- En nypa salt och vitpeppar
- 2 msk mynta, hackad
- 1 msk kalamataoliver, urkärnade och hackade
- ¼ kopp zaatar krydda
- ¼ kopp granatäpplekärnor
- 1/3 kopp olivolja

Vägbeskrivning:

Blanda yoghurten med pistagenötterna och resten av ingredienserna, vispa väl, dela i små koppar och servera med pitabröd vid sidan om.

Näring (för 100g):294 kalorier 18g Fett 2g Kolhydrater 10g Protein 593mg Natrium

Tomat Bruschetta

Förberedelsetid: 10 minuter

Tillagningstid: 10 minuter

Portioner: 6

Svårighetsgrad: Lätt

Ingredienser:

- 1 baguette, skivad
- 1/3 kopp basilika, hackad
- 6 tomater, i tärningar
- 2 vitlöksklyftor, hackade
- En nypa salt och svartpeppar
- 1 tsk olivolja
- 1 msk balsamvinäger
- ½ tsk vitlökspulver
- Matlagningsspray

Vägbeskrivning:

Lägg baguetteskivorna på en plåt med bakplåtspapper, smörj med matlagningsspray. Grädda i 10 minuter i 400 grader.

Kombinera tomaterna med basilikan och resten av ingredienserna, blanda väl och låt stå i 10 minuter. Fördela tomatmixen på varje baguetteskiva, lägg upp alla på ett fat och servera.

Näring (för 100g):162 kalorier 4 g fett 29 g kolhydrater 4 g protein 736 mg natrium

Oliver och ost fyllda tomater

Förberedelsetid: 10 minuter

Tillagningstid: 0 minuter

Portioner: 24

Svårighetsgrad: Lätt

Ingredienser:

- 24 körsbärstomater, toppen avskuren och insidan urtagen
- 2 matskedar olivolja
- ¼ tesked röd paprikaflingor
- ½ kopp fetaost, smulad
- 2 msk svart olivpasta
- ¼ kopp mynta, riven

Vägbeskrivning:

Blanda oliverna i en skål med resten av ingredienserna förutom körsbärstomaterna och vispa väl. Fyll körsbärstomaterna med denna blandning, arrangera dem alla på ett fat och servera som förrätt.

Näring (för 100g):136 kalorier 8,6g Fett 5,6g Kolhydrater 5,1g Protein 648mg Natrium

Peppar Tapenade

Förberedelsetid: 10 minuter

Tillagningstid: 0 minuter

Portioner: 4

Svårighetsgrad: Lätt

Ingredienser:

- 7 uns rostad röd paprika, hackad
- ½ dl parmesan, riven
- 1/3 kopp persilja, hackad
- 14 uns konserverade kronärtskockor, avrunna och hackade
- 3 matskedar olivolja
- ¼ kopp kapris, avrunnen
- 1 och ½ msk citronsaft
- 2 vitlöksklyftor, hackade

Vägbeskrivning:

I din mixer, kombinera röd paprika med parmesan och resten av ingredienserna och pulsa väl. Dela i koppar och servera som mellanmål.

Näring (för 100g):200 kalorier 5,6 g fett 12,4 g kolhydrater 4,6 g protein 736 mg natrium

Koriander Falafel

Förberedelsetid: 10 minuter

Tillagningstid: 10 minuter

Portioner: 8

Svårighetsgrad: Lätt

Ingredienser:

- 1 kopp konserverade garbanzobönor
- 1 knippe bladpersilja
- 1 gul lök, hackad
- 5 vitlöksklyftor, hackade
- 1 tsk koriander, mald
- En nypa salt och svartpeppar
- ¼ tesked cayennepeppar
- ¼ tesked bakpulver
- ¼ tesked spiskumminpulver
- 1 tsk citronsaft
- 3 msk tapiokamjöl
- Olivolja till stekning

Vägbeskrivning:

I din matberedare, kombinera bönorna med persiljan, löken och resten av ingredienserna förutom oljan och mjölet och pulsa väl. Överför blandningen till en skål, tillsätt mjölet, rör om väl, forma 16 bollar av denna blandning och platta till dem lite.

Värm pannan på medelhög värme, lägg i falafel, koka dem i 5 minuter på båda sidor, lägg i hushållspapper, rinna av överflödigt fett, arrangera dem på ett fat och servera som förrätt.

Näring (för 100g):122 kalorier 6,2 g fett 12,3 g kolhydrater 3,1 g protein 699 mg natrium

Hummus med röd paprika

Förberedelsetid: 10 minuter

Tillagningstid: 0 minuter

Portioner: 6

Svårighetsgrad: Lätt

Ingredienser:

- 6 uns rostad röd paprika, skalad och hackad
- 16 uns konserverade kikärter, avrunna och sköljda
- ¼ kopp grekisk yoghurt
- 3 matskedar tahinipasta
- Saften av 1 citron
- 3 vitlöksklyftor, hackade
- 1 msk olivolja
- En nypa salt och svartpeppar
- 1 msk persilja, hackad

Vägbeskrivning:

I din matberedare, kombinera röd paprika med resten av ingredienserna förutom oljan och persiljan och pulsa väl. Tillsätt oljan, pulsa igen, dela i koppar, strö persiljan ovanpå och servera som festpålägg.

Näring (för 100g):255 kalorier 11,4g Fett 17,4g Kolhydrater 6,5g Protein 593mg Natrium

White Bean Dip

Förberedelsetid: 10 minuter

Tillagningstid: 0 minuter

Portioner: 4

Svårighetsgrad: Lätt

Ingredienser:

- 15 uns konserverade vita bönor, avrunna och sköljda
- 6 uns konserverade kronärtskockshjärtan, avrunna och i fjärdedelar
- 4 vitlöksklyftor, hackade
- 1 msk basilika, hackad
- 2 matskedar olivolja
- Saften av ½ citron
- Skal av ½ citron, rivet
- Salta och svartpeppar efter smak

Vägbeskrivning:

I din matberedare, kombinera bönorna med kronärtskockorna och resten av ingredienserna förutom oljan och pulsa väl. Tillsätt oljan gradvis, pulsera mixen igen, dela i koppar och servera som en partydipp.

Näring (för 100g):27 kalorier 11,7g Fett 18,5g Kolhydrater 16,5g Protein 668mg Natrium

Hummus med malet lamm

Förberedelsetid: 10 minuter

Tillagningstid: 15 minuter

Portioner: 8

Svårighetsgrad: Lätt

Ingredienser:

- 10 uns hummus
- 12 uns lammkött, malet
- ½ kopp granatäpplekärnor
- ¼ kopp persilja, hackad
- 1 msk olivolja
- Pitabröd till servering

Vägbeskrivning:

Värm pannan över medelhög värme, koka köttet och bryn i 15 minuter under omrörning ofta. Fördela hummusen på ett fat, fördela det malda lammet över det hela, bred även ut granatäpplekärnor och persiljan och servera med pitabröd som mellanmål.

Näring (för 100g):133 kalorier 9,7 g Fett 6,4 g Kolhydrater 5,4 g Protein 659 mg Natrium

Aubergine Dip

Förberedelsetid: 10 minuter

Tillagningstid: 40 minuter

Portioner: 4

Svårighetsgrad: Lätt

Ingredienser:

- 1 aubergine, petad med en gaffel
- 2 msk tahinipasta
- 2 msk citronsaft
- 2 vitlöksklyftor, hackade
- 1 msk olivolja
- Salta och svartpeppar efter smak
- 1 msk persilja, hackad

Vägbeskrivning:

Lägg auberginen i en stekpanna, grädda vid 400 grader F i 40 minuter, kyl ner, skala och överför till din matberedare. Mixa resten av ingredienserna förutom persiljan, pulsa väl, dela i små skålar och servera som förrätt med persiljan strös över.

Näring (för 100g):121 kalorier 4,3 g fett 1,4 g kolhydrater 4,3 g protein 639 mg natrium

Veggie Fritters

Förberedelsetid: 10 minuter

Tillagningstid: 10 minuter

Portioner: 8

Svårighetsgrad: Lätt

Ingredienser:

- 2 vitlöksklyftor, hackade
- 2 gula lökar, hackade
- 4 salladslökar, hackade
- 2 morötter, rivna
- 2 tsk spiskummin, mald
- ½ tsk gurkmejapulver
- Salta och svartpeppar efter smak
- ¼ tesked koriander, mald
- 2 msk persilja, hackad
- ¼ tesked citronsaft
- ½ kopp mandelmjöl
- 2 rödbetor, skalade och rivna
- 2 ägg, vispade
- ¼ kopp tapiokamjöl
- 3 matskedar olivolja

Vägbeskrivning:

I en skål, kombinera vitlöken med löken, salladslöken och resten av ingredienserna förutom oljan, rör om väl och forma medelstora fritter ur denna blandning.

Värm pannan på medelhög värme, lägg frittorna, stek i 5 minuter på varje sida, lägg upp på ett fat och servera.

Näring (för 100g):209 kalorier 11,2g Fett 4,4g Kolhydrater 4,8g Protein 726mg Natrium

Bulgur lammköttbullar

Förberedelsetid: 10 minuter

Tillagningstid: 15 minuter

Portioner: 6

Svårighetsgrad: Lätt

Ingredienser:

- 1 och ½ koppar grekisk yoghurt
- ½ tesked spiskummin, mald
- 1 dl gurka, strimlad
- ½ tsk vitlök, finhackad
- En nypa salt och svartpeppar
- 1 kopp bulgur
- 2 koppar vatten
- 1-pund lamm, malet
- ¼ kopp persilja, hackad
- ¼ kopp schalottenlök, hackad
- ½ tsk kryddpeppar, mald
- ½ tsk kanelpulver
- 1 msk olivolja

Vägbeskrivning:

Blanda bulguren med vattnet, täck skålen, låt stå i 10 minuter, låt rinna av och lägg över i en skål. Tillsätt köttet, yoghurten och resten av ingredienserna förutom oljan, rör om väl och forma medelstora köttbullar ur denna mix. Värm pannan på medelhög värme, lägg köttbullarna, koka dem i 7 minuter på varje sida, arrangera dem alla på ett fat och servera som förrätt.

Näring (för 100g):300 kalorier 9,6g Fett 22,6g Kolhydrater 6,6g Protein 644mg Natrium

Gurkabett

Förberedelsetid: 10 minuter

Tillagningstid: 0 minuter

Portioner: 12

Svårighetsgrad: Lätt

Ingredienser:

- 1 engelsk gurka, skivad i 32 rundlar
- 10 uns hummus
- 16 körsbärstomater, halverade
- 1 msk persilja, hackad
- 1-ounce fetaost, smulad

Vägbeskrivning:

Fördela hummusen på varje gurka, dela tomathalvorna på varje, strö ost och persilja på och servera som förrätt.

Näring (för 100g):162 kalorier 3,4 g fett 6,4 g kolhydrater 2,4 g protein 702 mg natrium

Fylld avokado

Förberedelsetid: 10 minuter

Tillagningstid: 0 minuter

Portioner: 2

Svårighetsgrad: Lätt

Ingredienser:

- 1 avokado, halverad och urkärnad
- 10 uns konserverad tonfisk, avrunnen
- 2 msk soltorkade tomater, hackade
- 1 och ½ msk basilikapesto
- 2 msk svarta oliver, urkärnade och hackade
- Salta och svartpeppar efter smak
- 2 tsk pinjenötter, rostade och hackade
- 1 msk basilika, hackad

Vägbeskrivning:

Blanda tonfisken med de soltorkade tomaterna och resten av ingredienserna förutom avokadon och rör om. Fyll avokadohalvorna med tonfiskmixen och servera som förrätt.

Näring (för 100g):233 kalorier 9 g fett 11,4 g kolhydrater 5,6 g protein 735 mg natrium

Inslagna plommon

Förberedelsetid: 5 minuter

Tillagningstid: 0 minuter

Portioner: 8

Svårighetsgrad: Lätt

Ingredienser:

- 2 uns prosciutto, skuren i 16 bitar
- 4 plommon, i fjärdedelar
- 1 msk gräslök, hackad
- En nypa röd paprikaflingor, krossade

Vägbeskrivning:

Varva varje plommonfjärdedel i en prosciuttoskiva, lägg upp alla på ett fat, strö gräslök och pepparflingor över och servera.

Näring (för 100g):30 kalorier 1g fett 4g kolhydrater 2g protein 439mg natrium

Marinerad fetaost och kronärtskockor

Förberedelsetid: 10 minuter, plus 4 timmar inaktiv tid

Tillagningstid: 10 minuter

Portioner: 2

Svårighetsgrad: Lätt

Ingredienser:

- 4 uns traditionell grekisk fetaost, skuren i ½-tums kuber
- 4 uns avrunna kronärtskockshjärtan, i fjärdedelar på längden
- 1/3 kopp extra virgin olivolja
- Skal och saft av 1 citron
- 2 msk grovhackad färsk rosmarin
- 2 msk grovhackad färsk persilja
- ½ tsk svartpepparkorn

Vägbeskrivning:

I en glasskål kombinera feta och kronärtskockshjärtan. Tillsätt olivolja, citronskal och -saft, rosmarin, persilja och pepparkorn och blanda försiktigt till pälsen, var noga med att inte smula sönder fetaosten.

Kyl i 4 timmar, eller upp till 4 dagar. Ta ut ur kylen 30 minuter före servering.

Näring (för 100g):235 kalorier 23g Fett 1g Kolhydrater 4g Protein 714mg Natrium

Tonfiskkroketter

Förberedelsetid: 40 minuter, plus timmar till över natten för att kyla

Tillagningstid: 25 minuter

Portioner: 36

Svårighetsgrad: Svår

Ingredienser:

- 6 matskedar extra virgin olivolja, plus 1 till 2 koppar
- 5 matskedar mandelmjöl, plus 1 kopp, uppdelat
- 1¼ koppar tung grädde
- 1 (4-ounce) burk olivolja-packad gulfenad tonfisk
- 1 msk hackad rödlök
- 2 tsk hackad kapris
- ½ tesked torkad dill
- ¼ tesked nymalen svartpeppar
- 2 stora ägg
- 1 kopp panko ströbröd (eller en glutenfri version)

Vägbeskrivning:

Värm upp 6 matskedar olivolja på medelhög värme i en stor stekpanna. Tillsätt 5 matskedar mandelmjöl och koka under konstant omrörning tills en slät pasta bildas och mjölet brunnar något, 2 till 3 minuter.

Välj värme till medelhög och blanda gradvis i den tunga grädden, vispa hela tiden tills den är helt slät och tjock, ytterligare 4 till 5 minuter. Ta bort och tillsätt tonfisk, rödlök, kapris, dill och peppar.

Överför blandningen till en 8-tums fyrkantig ugnsform som är väl belagd med olivolja och ställ åt sidan vid rumstemperatur. Slå in och svalna i 4 timmar eller upp till över natten. För att forma kroketterna, ställ ut tre skålar. Vispa ihop äggen i ett. I en annan, tillsätt det återstående mandelmjölet. I den tredje, tillsätt panko. Klä en plåt med bakplåtspapper.

Ös cirka en matsked kall beredd deg i mjölblandningen och rulla till beläggning. Skaka av överskottet och rulla med händerna till en oval.

Doppa kroketten i det uppvispade ägget och täck sedan lätt i panko. Lägg på klädd bakplåtspapper och upprepa med resten av degen.

Värm upp de återstående 1 till 2 kopparna olivolja i en liten kastrull på medelhög värme.

När oljan är uppvärmd, stek kroketterna 3 eller 4 åt gången, beroende på storleken på din panna, ta bort dem med en hålslev när de är gyllenbruna. Du kommer att behöva justera temperaturen på oljan då och då för att förhindra bränning. Om kroketterna blir mörkbruna väldigt snabbt, sänk temperaturen.

Näring (för 100g):245 kalorier 22g Fett 1g Kolhydrater 6g Protein 801mg Natrium

Rökt lax Crudités

Förberedelsetid: 10 minuter

Tillagningstid: 15 minuter

Portioner: 4

Svårighetsgrad: Lätt

Ingredienser:

- 6 uns rökt vild lax
- 2 msk rostad vitlöksaioli
- 1 msk dijonsenap
- 1 msk hackad salladslök, endast gröna delar
- 2 tsk hackad kapris
- ½ tesked torkad dill
- 4 endiviespjut eller hjärtan av romaine
- ½ engelsk gurka, skuren i ¼-tums tjocka rundlar

Vägbeskrivning:

Skär den rökta laxen grovt och lägg över i en liten skål. Tillsätt aioli, dijon, salladslök, kapris och dill och blanda väl. Toppa endivespjut och gurkrundor med en sked rökt laxblandning och njut av kyld.

Näring (för 100g):92 kalorier 5g fett 1g kolhydrater 9g protein 714mg natrium

Citrusmarinerade oliver

Förberedelsetid: 4 timmar

Tillagningstid: 0 minuter

Portioner: 2

Svårighetsgrad: Lätt

Ingredienser:

- 2 koppar blandade gröna oliver med gropar
- ¼ kopp rödvinsvinäger
- ¼ kopp extra virgin olivolja
- 4 vitlöksklyftor, finhackade
- Skal och saft av 1 stor apelsin
- 1 tsk röd paprikaflingor
- 2 lagerblad
- ½ tsk malen spiskummin
- ½ tsk mald kryddpeppar

Vägbeskrivning:

Tillsätt oliver, vinäger, olja, vitlök, apelsinskal och juice, rödpepparflingor, lagerblad, spiskummin och kryddpeppar och blanda väl. Förslut och kyl i 4 timmar eller upp till en vecka för att låta oliverna marinera, blanda igen innan servering.

Näring (för 100g):133 kalorier 14g Fett 2g Kolhydrater 1g Protein 714mg Natrium

Olivtapenad med ansjovis

Förberedelsetid: 1 timme och 10 minuter

Tillagningstid: 0 minuter

Portioner: 2

Svårighetsgrad: Genomsnittlig

Ingredienser:

- 2 koppar urkärnade Kalamata-oliver eller andra svarta oliver
- 2 ansjovisfiléer, hackade
- 2 tsk hackad kapris
- 1 vitlöksklyfta, finhackad
- 1 kokt äggula
- 1 tsk dijonsenap
- ¼ kopp extra virgin olivolja
- Seedy Crackers, mångsidig smörgås, eller grönsaker, för servering (valfritt)

Vägbeskrivning:

Skölj oliverna i kallt vatten och låt rinna av väl. Placera de avrunna oliverna, ansjovisen, kaprisen, vitlöken, äggulan och dijon i en matberedare, mixer eller en stor burk (om du använder en mixer). Bearbeta tills det bildar en tjock pasta. Under körning häller du gradvis i olivoljan.

Lägg över till en liten skål, täck över och ställ i kylen i minst 1 timme för att låta smakerna utvecklas. Servera med Seedy Crackers, ovanpå en mångsidig smörgåsrunda eller med dina knapriga favoritgrönsaker.

Näring (för 100g):179 kalorier 19g Fett 2g Kolhydrater 2g Protein 82mg Natrium

Grekiska Deviled ägg

Förberedelsetid: 45 minuter

Tillagningstid: 15 minuter

Portioner: 4

Svårighetsgrad: Lätt

Ingredienser:

- 4 stora hårdkokta ägg
- 2 msk rostad vitlöksaioli
- ½ dl fint smulad fetaost
- 8 urkärnade Kalamata-oliver, finhackade
- 2 msk hackade soltorkade tomater
- 1 msk finhackad rödlök
- ½ tesked torkad dill
- ¼ tesked nymalen svartpeppar

Vägbeskrivning:

Halvera de hårdkokta äggen på längden, ta bort äggulorna och lägg äggulorna i en medelstor skål. Spara äggvitehalvorna och ställ åt sidan. Krossa äggulorna väl med en gaffel. Tillsätt aioli, fetaost, oliver, soltorkade tomater, lök, dill och peppar och rör om tills det är slätt och krämigt.

Häll fyllningen i varje äggvitehalva och kyl i 30 minuter, eller upp till 24 timmar, täckt.

Näring (för 100g):147 kalorier 11g Fett 6g Kolhydrater 9g Protein 736mg Natrium

Manchego kex

Förberedelsetid: 1 timme och 15 minuter

Tillagningstid: 15 minuter

Portioner: 20

Svårighetsgrad: Svår

Ingredienser:

- 4 matskedar smör, i rumstemperatur
- 1 dl finstrimlad Manchegoost
- 1 dl mandelmjöl
- 1 tsk salt, delat
- ¼ tesked nymalen svartpeppar
- 1 stort ägg

Vägbeskrivning:

Använd en elektrisk mixer för att pussa ihop smör och riven ost tills det är väl blandat och slätt. Blanda mandelmjölet med ½ tsk salt och peppar. Häll gradvis mandelmjölsblandningen till osten, blanda hela tiden tills degen precis går ihop till en boll.

Placera en bit pergament eller plastfolie och rulla till en cylinderstock ca 1½ tum tjock. Förslut tätt och frys sedan i minst 1 timme. Värm ugnen till 350°F. Lägg bakplåtspapper eller silikonmattor i 2 bakplåtar.

För att få ägget att tvätta, pussa ihop ägget och återstående ½ tesked salt. Skiva den kylda degen i små rundlar, cirka ¼ tum tjocka, och lägg på de klädda bakplåtarna.

Äggtvätta toppen av kexen och grädda tills kexen är gyllene och krispiga. Ställ på galler för att svalna.

Servera varm eller, när den väl har svalnat, förvara i en lufttät behållare i kylen i upp till 1 vecka.

Näring (för 100g):243 kalorier 23g Fett 1g Kolhydrater 8g Protein 804mg Natrium

Burrata Caprese Stack

Förberedelsetid: 5 minuter

Tillagningstid: 0 minuter

Portioner: 4

Svårighetsgrad: Lätt

Ingredienser:

- 1 stor ekologisk tomat, gärna arvegods
- ½ tsk salt
- ¼ tesked nymalen svartpeppar
- 1 (4-ounce) boll burrataost
- 8 färska basilikablad, tunt skivade
- 2 matskedar extra virgin olivolja
- 1 msk rödvin eller balsamvinäger

Vägbeskrivning:

Skiva tomaten i 4 tjocka skivor, ta bort eventuella kärnor i mitten och strö över salt och peppar. Lägg tomaterna med den kryddade sidan uppåt på en tallrik. Skiva burratan i 4 tjocka skivor på en separat kantad tallrik och lägg en skiva ovanpå varje tomatskiva. Toppa var och en med en fjärdedel av basilikan och häll eventuell reserverad burrata-kräm från den kantade plattan över toppen.

Pensla med olivolja och vinäger och servera med gaffel och kniv.

Näring (för 100g):153 kalorier 13g Fett 1g Kolhydrater 7g Protein 633mg Natrium

Zucchini-Ricotta Fritters med citron-vitlök Aioli

Förberedelsetid: 10 minuter plus 20 minuters vilotid

Tillagningstid: 25 minuter

Portioner: 4

Svårighetsgrad: Svår

Ingredienser:

- 1 stor eller 2 små/medelstora zucchini
- 1 tsk salt, delat
- ½ kopp helmjölksricottaost
- 2 salladslökar
- 1 stort ägg
- 2 vitlöksklyftor, finhackade
- 2 msk hackad färsk mynta (valfritt)
- 2 tsk rivet citronskal
- ¼ tesked nymalen svartpeppar
- ½ kopp mandelmjöl
- 1 tsk bakpulver
- 8 matskedar extra virgin olivolja
- 8 msk rostad vitlöksaioli eller avokadoolja majonnäs

Vägbeskrivning:

Lägg den strimlade zucchinin i ett durkslag eller på flera lager hushållspapper. Strö över ½ tesked salt och låt stå i 10 minuter.

Använd ytterligare ett lager hushållspapper och tryck ner zucchinin för att släppa ut överflödig fukt och klappa den torr. Tillsätt den avrunna zucchinin, ricottan, salladslöken, ägget, vitlöken, mynta (om du använder), citronskal, återstående ½ tsk salt och peppar.

Smörj ihop mandelmjöl och bakpulver. Vänd ner mjölblandningen i zucchiniblandningen och låt vila i 10 minuter. I en stor stekpanna, arbeta i fyra omgångar, stek fritterna. För varje sats om fyra, värm 2 matskedar olivolja över medelhög värme. Tillsätt 1 rågad matsked zucchinismet per fritta, tryck ner med baksidan av en sked för att bilda 2- till 3-tums fritter. Täck över och låt steka 2 minuter innan du vänder. Stek ytterligare 2 till 3 minuter, täckt, eller tills de är krispiga och gyllene och genomstekta. Du kan behöva sänka värmen till medium för att förhindra bränning. Ta bort från pannan och håll varmt.

Upprepa för de återstående tre satserna, använd 2 matskedar av olivoljan för varje sats. Servera fritterna varma med aioli.

Näring (för 100g):448 kalorier 42g Fett 2g Kolhydrater 8g Protein 744mg Natrium

Laxfyllda gurkor

Förberedelsetid: 10 minuter

Tillagningstid: 0 minuter

Portioner: 4

Svårighetsgrad: Lätt

Ingredienser:

- 2 stora gurkor, skalade
- 1 (4-ounce) burk röd lax
- 1 medium mycket mogen avokado
- 1 msk extra virgin olivolja
- Skal och saft av 1 lime
- 3 matskedar hackad färsk koriander
- ½ tsk salt
- ¼ tesked nymalen svartpeppar

Vägbeskrivning:

Skiva gurkan i 1-tums tjocka segment och använd en sked, skrapa frön från mitten av varje segment och ställ dig upp på en tallrik. I en medelstor skål, blanda lax, avokado, olivolja, limeskal och -saft, koriander, salt och peppar och blanda tills det är krämigt.

Skopa laxblandningen i mitten av varje gurksegment och servera kyld.

Näring (för 100g):159 kalorier 11g Fett 3g Kolhydrater 9g Protein 739mg Natrium

Getost – Makrillpaté

Förberedelsetid: 10 minuter

Tillagningstid: 0 minuter

Portioner: 4

Svårighetsgrad: Lätt

Ingredienser:

- 4 uns olivolja-packad vildfångad makrill
- 2 uns getost
- Skal och saft av 1 citron
- 2 msk hackad färsk persilja
- 2 msk hackad färsk ruccola
- 1 msk extra virgin olivolja
- 2 tsk hackad kapris
- 1 till 2 teskedar färsk pepparrot (valfritt)
- Kex, gurkor, endivspjut eller selleri, för servering (valfritt)

Vägbeskrivning:

Kombinera makrill, getost, citronskal och saft, persilja, ruccola, olivolja, kapris och pepparrot (om du använder den) i en matberedare, mixer eller stor skål med stavmixer. Bearbeta eller blanda tills den är slät och krämig.

Servera med kex, gurkor, spjut av endiv eller selleri. Förslut täckt i kylen i upp till 1 vecka.

Näring (för 100g):118 kalorier 8g Fett 6g Kolhydrater 9g Protein 639mg Natrium

Smak av Medelhavets fettbomber

Förberedelsetid: 4 timmar och 15 minuter

Tillagningstid: 0 minuter

Portioner: 6

Svårighetsgrad: Genomsnittlig

Ingredienser:

- 1 dl smulad getost
- 4 matskedar burkpesto
- 12 urkärnade Kalamata-oliver, finhackade
- ½ kopp finhackade valnötter
- 1 msk hackad färsk rosmarin

Vägbeskrivning:

I en medelstor skål, gissa getosten, peston och oliverna och blanda väl med en gaffel. Frys i 4 timmar för att stelna.

Skapa blandningen till 6 bollar med händerna, ca ¾-tums diameter. Blandningen blir klibbig.

I en liten skål, lägg valnötterna och rosmarin och rulla getostbollarna i nötblandningen för att täcka. Förvara fettbomberna i kylen i upp till 1 vecka eller i frysen i upp till 1 månad.

Näring (för 100g):166 kalorier 15 g fett 1 g kolhydrater 5 g protein 736 mg natrium

Avokado Gazpacho

Förberedelsetid: 15 minuter

Tillagningstid: 10 minuter

Portioner: 4

Svårighetsgrad: Lätt

Ingredienser:

- 2 dl hackade tomater
- 2 stora mogna avokado, halverade och urkärnade
- 1 stor gurka, skalad och kärnad
- 1 medelstor paprika (röd, orange eller gul), hackad
- 1 kopp vanlig helmjölk grekisk yoghurt
- ¼ kopp extra virgin olivolja
- ¼ kopp hackad färsk koriander
- ¼ kopp hackad salladslök, endast grön del
- 2 msk rödvinsvinäger
- Saft av 2 lime eller 1 citron
- ½ till 1 tsk salt
- ¼ tesked nymalen svartpeppar

Vägbeskrivning:

Använd en stavmixer och kombinera tomater, avokado, gurka, paprika, yoghurt, olivolja, koriander, salladslök, vinäger och limejuice. Mixa tills det är slätt.

Krydda och blanda för att kombinera smakerna. Servera kall.

Näring (för 100g):392 Kalorier 32g Fett 9g Kolhydrater 6g Protein 694mg Natrium

Krabbkaka Salladskoppar

Förberedelsetid: 35 minuter

Tillagningstid: 20 minuter

Portioner: 4

Svårighetsgrad: Genomsnittlig

Ingredienser:

- 1-punds jumboklumpkrabba
- 1 stort ägg
- 6 msk rostad vitlöksaioli
- 2 msk dijonsenap
- ½ kopp mandelmjöl
- ¼ kopp finhackad rödlök
- 2 tsk rökt paprika
- 1 tsk sellerisalt
- 1 tsk vitlökspulver
- 1 tsk torkad dill (valfritt)
- ½ tsk nymalen svartpeppar
- ¼ kopp extra virgin olivolja
- 4 stora Bibb-salladsblad, tjock rygg borttagen

Vägbeskrivning:

Lägg krabbaköttet i en stor skål och plocka ut eventuella synliga skal, bryt sedan isär köttet med en gaffel. I en liten skål, pussa ihop ägget, 2 msk aioli och dijonsenap. Lägg till krabbköttet och blanda med en gaffel. Tillsätt mandelmjöl, rödlök, paprika, sellerisalt, vitlökspulver, dill (om du använder) och peppar och blanda väl. Låt vila i rumstemperatur i 10 till 15 minuter.

Forma till 8 små kakor, ca 2 tum i diameter. Koka olivoljan på medelhög värme. Stek kakorna tills de fått färg, 2 till 3 minuter per sida. Slå in, sänk värmen till låg och koka i ytterligare 6 till 8 minuter, eller tills den stelnat i mitten. Ta bort från stekpannan.

För att servera, slå in 2 små krabbakakor i varje salladsblad och toppa med 1 msk aioli.

Näring (för 100g):344 kalorier 24g Fett 2g Kolhydrater 24g Protein 804mg Natrium

Orange-dragon kyckling sallad wrap

Förberedelsetid: 15 minuter

Tillagningstid: 0 minuter

Portioner: 4

Svårighetsgrad: Lätt

Ingredienser:

- ½ kopp vanlig helmjölk grekisk yoghurt
- 2 msk dijonsenap
- 2 matskedar extra virgin olivolja
- 2 msk färsk dragon
- ½ tsk salt
- ¼ tesked nymalen svartpeppar
- 2 koppar tillagad strimlad kyckling
- ½ kopp strimlad mandel
- 4 till 8 stora Bibb-sallatsblad, den hårda stjälken borttagen
- 2 små mogna avokado, skalade och tunt skivade
- Skal av 1 clementin, eller ½ liten apelsin (ca 1 matsked)

Vägbeskrivning:

Blanda yoghurt, senap, olivolja, dragon, apelsinskal, salt och peppar i en medelstor skål och vispa tills det är krämigt. Tillsätt den strimlade kycklingen och mandeln och rör om för att täcka.

För att montera omslagen, placera cirka ½ kopp kycklingsalladsblandning i mitten av varje salladsblad och toppa med skivad avokado.

Näring (för 100g):440 kalorier 32g l Fett 8g Kolhydrater 26g Protein 607mg Natrium

Feta och Quinoa fyllda svampar

Förberedelsetid: 5 minuter

Tillagningstid: 8 minuter

Portioner: 6

Svårighetsgrad: Genomsnittlig

Ingredienser:

- 2 msk fint tärnad röd paprika
- 1 vitlöksklyfta, finhackad
- ¼ kopp kokt quinoa
- 1/8 tsk salt
- ¼ tesked torkad oregano
- 24 knappsvampar, stjälkade
- 2 uns smulad fetaost
- 3 matskedar fullkornsbrödsmulor
- Olivolja matlagning spray

Vägbeskrivning:

Förvärm airfryern till 360°F. Blanda paprika, vitlök, quinoa, salt och oregano i en liten skål. Häll quinoafyllningen i svamplocken tills den precis är fylld. Lägg en liten bit fetaost på toppen av varje svamp. Strö en nypa brödsmulor över fetaosten på varje svamp.

Sätt i luftfrityrarens korg med matlagningsspray med olivolja, lägg sedan försiktigt svampen i korgen, se till att de inte rör vid varandra.

Lägg korgen i airfryern och grädda i 8 minuter. Ta bort från airfryern och servera.

Näring (för 100g):97 kalorier 4 g fett 11 g kolhydrater 7 g protein 677 mg natrium

Fem-ingrediens falafel med vitlök-yoghurtsås

Förberedelsetid: 5 minuter

Tillagningstid: 15 minuter

Portioner: 4

Svårighetsgrad: Svår

Ingredienser:

- Till falafeln
- 1 (15-ounce) burk kikärter, avrunna och sköljda
- ½ kopp färsk persilja
- 2 vitlöksklyftor, hackade
- ½ msk mald spiskummin
- 1 msk fullkornsvetemjöl
- Salt
- Till vitlök-yoghurtsåsen
- 1 kopp fettfri vanlig grekisk yoghurt
- 1 vitlöksklyfta, finhackad
- 1 msk hackad färsk dill
- 2 msk citronsaft

Vägbeskrivning:

För att göra falafel

Förvärm airfryern till 360°F. Lägg kikärtorna i en matberedare. Pulsera tills det mesta är hackat, tillsätt sedan persilja, vitlök och spiskummin och pulsa i ytterligare några minuter, tills ingredienserna blir till en deg.

Tillsätt mjölet. Pulsera några gånger till tills det blandas. Degen får konsistens, men kikärtorna ska pulsas i små bitar. Använd rena händer och rulla degen till 8 lika stora bollar, klappa sedan ner bollarna lite så att de blir cirka ½ tjocka skivor.

Lägg luftfrityrarens korg med matlagningsspray med olivolja och lägg sedan falafelbiffarna i korgen i ett enda lager, se till att de inte rör vid varandra. Stek i air fryer i 15 minuter.

För att göra vitlök-yoghurtsåsen

Blanda yoghurt, vitlök, dill och citronsaft. När falafeln är färdigkokt och fint brynt på alla sidor, ta bort dem från airfryern och smaka av med salt. Servera den varma sidan av dipsåsen.

Näring (för 100g):151 kalorier 2 g fett 10 g kolhydrater 12 g protein 698 mg natrium

Citronräkor med vitlök olivolja

Förberedelsetid: 5 minuter

Tillagningstid: 6 minuter

Portioner: 4

Svårighetsgrad: Genomsnittlig

Ingredienser:

- 1-pund medelstora räkor, rensade och deveirade
- ¼ kopp plus 2 msk olivolja, uppdelad
- Saften av ½ citron
- 3 vitlöksklyftor, hackade och delade
- ½ tsk salt
- ¼ tesked röd paprikaflingor
- Citronklyftor, för servering (valfritt)
- Marinarasås, för doppning (valfritt)

Vägbeskrivning:

Förvärm airfryern till 380°F. Släng i räkorna med 2 matskedar av olivolja, citronsaft, 1/3 av hackad vitlök, salt och rödpepparflingor och täck väl.

I en liten ramekin, kombinera den återstående ¼ koppen olivolja och den återstående hackade vitlöken. Riv av ett 12 x 12-tums ark av aluminiumfolie. Placera räkorna i mitten av folien, vik sedan upp sidorna och krympa kanterna så att det bildar en aluminiumfolieskål som är öppen ovanpå. Lägg detta paket i air fryer-korgen.

Rosta räkorna i 4 minuter, öppna sedan airfryern och lägg ramekin med olja och vitlök i korgen bredvid räkpaketet. Koka i ytterligare 2 minuter. Överför räkorna på ett serveringsfat eller ett fat med ramekin vitlök olivolja på sidan för doppning. Du kan även servera med citronklyftor och marinarasås om så önskas.

Näring (för 100g):264 kalorier 21g Fett 10g Kolhydrater 16g Protein 473mg Natrium

Krispiga gröna bönfrites med citron-yoghurtsås

Förberedelsetid: 5 minuter

Tillagningstid: 5 minuter

Portioner: 4

Svårighetsgrad: Genomsnittlig

Ingredienser:

- <u>För de gröna bönorna</u>
- 1 ägg
- 2 matskedar vatten
- 1 msk fullkornsvetemjöl
- ¼ tesked paprika
- ½ tsk vitlökspulver
- ½ tsk salt
- ¼ kopp fullkornsbröd
- ½ pund hela gröna bönor
- <u>Till citron-yoghurtsåsen</u>
- ½ kopp fettfri vanlig grekisk yoghurt
- 1 msk citronsaft
- ¼ tesked salt
- 1/8 tsk cayennepeppar

Riktning:

För att göra de gröna bönorna

Förvärm airfryern till 380°F.

I en medelgrund skål, kombinera ägget och vattnet tills det skummar. I en separat medelstor skål, vispa ihop mjöl, paprika, vitlökspulver och salt och blanda sedan i brödsmulorna.

Sprid botten av airfryern med matlagningsspray. Doppa varje gröna böna i äggblandningen, sedan i brödsmulsblandningen, täck utsidan med smulorna. Placera de gröna bönorna i ett enda lager i botten av airfryer-korgen.

Stek i airfryern i 5 minuter, eller tills paneringen är gyllenbrun.

För att göra citron-yoghurtsåsen

Tillsätt yoghurt, citronsaft, salt och cayennepeppar. Servera pommes fritesen tillsammans med citron-yoghurtsåsen som mellanmål eller aptitretare.

Näring (för 100g):88 kalorier 2g Fett 10g Kolhydrater 7g Protein 697mg Natrium

Hemgjorda havssalt Pita Chips

Förberedelsetid: 2 minuter

Tillagningstid: 8 minuter

Portioner: 2

Svårighetsgrad: Lätt

Ingredienser:

- 2 helvete pitas
- 1 msk olivolja
- ½ tsk kosher salt

Vägbeskrivning

Förvärm airfryern till 360°F. Skär varje pitabröd i 8 klyftor. I en medelstor skål, blanda pitablyftorna, olivolja och salt tills klyftorna är belagda och olivoljan och saltet är jämnt fördelat.

Lägg pitablyftorna i air fryer-korgen i ett jämnt lager och stek i 6 till 8 minuter.

Smaka av med ytterligare salt om så önskas. Servera ensam eller med en favoritdipp.

Näring (för 100g):230 kalorier 8g fett 11g kolhydrater 6g protein 810mg natrium

Bakad Spanakopita Dip

Förberedelsetid: 10 minuter

Tillagningstid: 15 minuter

Portioner: 2

Svårighetsgrad: Genomsnittlig

Ingredienser:

- Olivolja matlagning spray
- 3 msk olivolja, delad
- 2 msk finhackad vitlök
- 2 vitlöksklyftor, hackade
- 4 dl färsk spenat
- 4 uns färskost, mjukad
- 4 uns fetaost, uppdelad
- Skal av 1 citron
- ¼ tesked mald muskotnöt
- 1 tsk torkad dill
- ½ tsk salt
- Pitabröd, morotsstavar eller skivat bröd för servering (valfritt)

Vägbeskrivning:

Förvärm airfryern till 360°F. Belägg insidan av en 6-tums ramekin eller ugnsform med matlagningsspray med olivolja.

I en stor stekpanna på medelvärme, värm 1 matsked av olivoljan. Tillsätt löken och koka sedan i 1 minut. Tillsätt vitlöken och koka under omrörning i ytterligare 1 minut.

Sänk värmen och blanda spenaten och vattnet. Koka tills spenaten har vissnat. Ta av stekpannan från värmen. I en medelstor skål, gissa färskosten, 2 uns av fetaosten och resten av olivolja, citronskal, muskotnöt, dill och salt. Blanda tills det precis är blandat.

Lägg grönsakerna till ostbasen och rör om tills de blandas. Häll doppblandningen i den förberedda ramekinen och toppa med de återstående 2 unsen fetaost.

Lägg dippen i airfryer-korgen och koka i 10 minuter, eller tills den är genomvärmd och bubblar. Servera med pitabröd, morotsstavar eller skivat bröd.

Näring (för 100g):550 kalorier 52 g fett 21 g kolhydrater 14 g protein 723 mg natrium

Rostad pärllöksdip

Förberedelsetid: 5 minuter

Tillagningstid: 12 minuter plus 1 timme att kyla

Portioner: 4

Svårighetsgrad: Genomsnittlig

Ingredienser:

- 2 dl skalad pärllök
- 3 vitlöksklyftor
- 3 msk olivolja, delad
- ½ tsk salt
- 1 kopp fettfri vanlig grekisk yoghurt
- 1 msk citronsaft
- ¼ tesked svartpeppar
- 1/8 tsk röd paprikaflingor
- Pitabröd, grönsaker eller rostat bröd för servering (valfritt)

Vägbeskrivning:

Förvärm airfryern till 360°F. I en stor skål, kombinera pärllöken och vitlöken med 2 matskedar av olivoljan tills löken är väl belagd.

Häll blandningen av vitlök och lök i airfryer-korgen och rosta i 12 minuter. Lägg vitlöken och löken i en matberedare. Pulsera grönsakerna flera gånger, tills löken är hackad men fortfarande har några bitar.

Släng i vitlök och lök och den återstående 1 msk olivolja, tillsammans med salt, yoghurt, citronsaft, svartpeppar och rödpepparflingor. Kyl i 1 timme innan servering med pitabröd, grönsaker eller rostat bröd.

Näring (för 100g):150 kalorier 10 g fett 6 g kolhydrater 7 g protein 693 mg natrium

CPSIA information can be obtained
at www.ICGtesting.com
Printed in the USA
LVHW081341221222
735718LV00014B/539